내 남자 찾는
36가지 기술

좋은 사람과 만나고 싶은 당신을 위한 연애 지침서

내 남자 찾는 36가지 기술

초판 1쇄 인쇄 2021년 2월 25일
초판 1쇄 발행 2021년 3월 8일

지은이 김다인

발행인 백유미 조영석

발행처 (주)라온아시아
주소 서울특별시 서초구 효령로 34길 4, 프린스효령빌딩 5F

등록 2016년 7월 5일 제 2016-000141호
전화 070-7600-8230 **팩스** 070-4754-2473

값 14,000원
ISBN 979-11-91283-22-8 (03190)

RAON
BOOK

프롤로그

내 남자 찾고 계시나요?

나이 서른에 한 살을 더 먹었을 때 가지고 있는 커리어에 환멸을 느꼈습니다.

'난 그동안 어떤 커리어를 쌓고 어떤 경험을 했지?'

20대를 돌이켜 보니 열심히는 산 것 같은데, 무엇 하나 꾸준히 오래 한 게 없더군요. 며칠을 나 자신에 대해 한탄하고 나서야 갑자기 깨달았습니다.

'아! 나 결혼했지!'

그렇습니다. 가장 오래 진득하게 하고 있는 것은 지금 옆방에서 키득거리며 유튜브 보는 저 남자와 만나 살고 있는 거였어요. 그러자 또다시 의문이 들었습니다.

'어떻게 내가 한 사람을 오래 만나 결혼까지 했지?'

20대 초중반에 친구들은 저에게 말했어요. 너는 결혼을 아예 안 하거나, 아주 늦게 할 거라고. 당시 저는 친구들 사이에서 남자 좀 많이 만나본 연애 고수였거든요. 그러던 제가 한 남자와 사랑에 빠지고 20대 끝자락에 결혼해 지금은 만 2년 차 유부녀가 되었네요.

저는 친구들과 동생들에게 적극적으로 내 남자를 찾으라고 권합니다. 내 남자를 찾는 과정은 '나'를 찾는 과정이라고 덧붙이면서요.
대다수의 사람 중 '나' 자체에 대해 정확히 어떤 사람인지 알고 사는 사람은 많지 않아요. 하지만 연애는 내가 어떤 사람인지 알게 해주며 내가 좋아하는 이성상도 알게 해줍니다. 한 사람을 깊이 알게 되는 과정에서는 내가 몰랐던 '나'를 만나기도 합니다.

아이에서 어른으로 가는 길목으로 걸음을 조금씩 내딛는 20대에 연애와 결혼을 모두 겪어보니, 나는 누구이고 어떤 사람을 좋아하는지에 관해 제 나름의 가치관이 크게 쌓이게 됐습니다. 그 순수한 마음의 시기에 누군가와 연애하면서 사랑에 많이 아파했고 상처도 많이 줬습니다.

아파하고 상처 준 만큼 사랑에 대해 성숙해졌으며 많이 만나본 만큼 나에 대해 더욱 알게 되어 나의 매력을 어필할 수 있는 사람이 되었습니다. 사랑에 아파하고 많이 만나봐야 나를 알게 되고 내 남자를 찾을 수 있는 눈이 생깁니다.

요즘은 인생의 중요도에서 연애가 점점 하위권으로 밀려나고 있어요. 개인의 삶을 정착한 뒤 연애를 생각하는 사람들이 많아졌기 때문일까요?

그런데 무언가 갖춰놓고 연애를 시작하려 하면 마치 애가 어른의 연애를 하려는 것처럼 어떻게 해야 할지 몰라 당황스럽기만 합니다. '내 남자' 찾는 것은 더욱 어렵게 다가옵니다.

어떻게 하면 연애를 시작할 수 있는지

어떻게 하면 한 남자와 오래 연애할 수 있는지

어떻게 하면 이 사람이 내 남자인지 확신하고 결혼할 수 있는지 당시 치열하게 고민했던 연애와 결혼에 대한 저만의 답을 이 책에 담았습니다.

부디 조금이나마 당신의 남자를 찾는 데 도움이 되어
여러분만의 사랑을 이루길 바랄게요.
고맙습니다.

김다인

차 례

#2

연애 초반 쓰레기를 걸러내자

#3

연애 중 우리, 맞춰갈 수 있을까?

#4

연애의 완성 평생 함께해도 좋을 것 같아

5

결혼 사전 체크 결혼은 현실이다

#1

연애 전_

내 남자는 어디에?

마음에 들면 어떤(없던) 핑계를 대서라도 연락하자

요즘 호감이 가는 남자가 있나요?

소속된 모임에서 좋아하는 남자가 생겼나요?

호감 가고 좋아하는 마음이 생겼다면 가만히 있지 마세요. 어서 손에 핸드폰을 들고 연락할 준비를 하세요. 그의 마음이 나와 같지 않은 이상 그의 연락을 마냥 기다릴 수만은 없습니다.

그는 본인에게 호감이 있다는 나의 마음을 전혀 알지 못할 거예요. 다음 만나는 모임까지의 시간 동안 연락을 하지 않는다면 잠깐이라도 그가 알았던 나의 모습은 아마도 그의 머릿속에서 사라지게 될 겁니다.

연락을 먼저 하는 것은 관심의 기본 표시이며 그의 바운더리 안에 들어갈 수 있는 첫 번째 기회입니다. 우선은 그의 바운더리 안에 내가 들어가고 싶은 마음을 메시지를 보냄으로써 그에게 알려줘야 합니다.

자존심 상할 일이 아니에요. 먼저 연락한다는 것 자체가 그에게 절대 굽히고 들어가는 것이 아닙니다. 그저 단순한 메시지일 뿐이며 별거 아니라고 생각해야 합니다. 그 앞에 한 발자국 더 다가갈 수 있는 나의 첫 용기라고 생각하세요. 그에 대해 알고 싶고 그와 친해지고 싶다는 마음으로 가볍게 시작하면 됩니다.

사람은 기본적으로 자신에게 관심을 보이는 상대에게 부정적이지 않아요. 나와 친해지고 싶어 하는 상대를 밀어내지 않습니다. 먼저 연락해준 용기에 그 남자도 나에게 관심을 보일 것이며 긍정적인 반응을 줄 거예요.

그렇다면 언제, 어떻게 연락을 보내야 할까요?

지금 당장 보내길 권합니다. 처음 연락을 먼저 보내는 게 어색할 수 있고 이상해 보일 수도 있습니다. 하지만 이상해

보이는 것 자체가 신선하고 기분 좋은 설렘으로 그에게 다가올 수 있어요.

중요한 건 최대한 어색하지 않게 보내야 한다는 점입니다. 솔직히 모르는 사이가 아니고서야 분명히 같이 무언가를 했던 사이일 겁니다. 같은 학교이거나 직장 동료, 아르바이트, 대외활동 등의 모임에서 그 남자를 만났을 거예요.

다짜고짜 뭐 하냐고 물어선 안 됩니다. 너무 노골적이고 성의가 없어 보여요. 뭐 하냐는 질문은 관심의 표시는 될 수 있지만, 지금 하는 것 없이 심심해서 그에게 연락하는 것처럼 보일 수도 있어요.

나와 그 둘 다에게 해당하는 내용의 질문으로 시작하는 편이 좋아요. 되도록이면 그 남자가 쉽게 대답할 수 있는 질문이면 더 좋을 것 같네요. 그 남자도 질문에 대한 답변을 잘 해줄 것이며, 당신 또한 원했던 대답을 얻은 것처럼 기뻐하면 그 남자도 뿌듯할 거예요. 이러한 긍정적 신호를 주고받은 다음에 자연스레 일상 이야기로 넘어가면 돼요.

물론 첫 연락에 분위기가 좋으면 계속 연락이 이어지고 사적인 만남을 기약할 수 있어요. 그렇지만 첫 단추에 배부를 수는 없겠죠? 그래도 다음 모임에서 만났을 때 그 남자와 좀 더 친해질 수 있는 좋은 계기가 될 것입니다.

용기를 가지고 먼저 연락했는데 돌아온 대답이 귀찮아하거나 성의가 없으면요?

그는 기본적인 매너가 없다고 결론을 내리고 가차 없이 패스하는 것도 절대로 잊지 마세요. 물론 다른 바쁜 이유가 있을 수도 있어요. 하지만 처음 용기 내어 먼저 연락을 보낸 나에게 성의 없는 답변을 줘버린 사람과의 앞으로의 연애는 시작한다고 한들 안 봐도 뻔합니다. 그런 사람에게 호감을 쏟는 시간은 낭비일뿐더러 다음 상대를 알아볼 내 인생의 시간도 줄어들게 됩니다. 그 남자에게서 빠져나오세요.

반대로 반응이 나쁘지 않다면 첫 연락의 고비는 넘긴 겁니다. 그다음 연락은 수월할 거예요. 메시지를 통해서 그의 일상과 취향을 파악할 수 있고, 연락하는 것만으로도 그에게 나의 매력을 어필할 수 있는 좋은 기회입니다. 시도하지 않는 것은 실패하는 것과 다를 바가 없어요. 어차피 성공 확률은 0퍼센트이니까요. 시도라도 하면 확률은 50퍼센트로 올라갈 수 있잖아요?

지금 혹시 이 글을 읽으면서도 연락이 고민되는 남자가 있다면 이 책의 다음 장을 넘기기 전에 바로 메시지를 보내보는 건 어떨까요?

이상형은 따로 없다
사랑에 빠지면 그게 이상형

"이상형이 어떻게 돼요?"

우리는 평소에 이상형에 관한 질문을 많이 하기도 하고, 많이 받기도 합니다. 친구들끼리 모여 남자 얘기를 할 때나, 누군가가 소개팅을 해준다고 할 때 말이죠.

저의 경우 마음에 든 그 남자의 마음이 궁금해 이상형에 대해 물어본 적이 있습니다. 그리고 돌아오는 대답의 스타일이나 성격 등의 부분에서 '나'와 비슷한 유형을 얘기해준다면 긍정적인 신호라고 생각했어요. 또한 그 남자가 마음에 들어 그 남자가 말한 이상형대로 행동하는 거죠.

어찌 되었든 우리는 이상형이란 질문에 대해 관심이 많습니다. 그만큼 우리는 각자 꿈꾸는 이상형이 있기 때문이겠죠. 이쯤에서 이상형의 사전적 의미가 알고 싶어지네요.

> 이상형 : 생각할 수 있는 범위 안에서 가장 완전하다고 여겨지는 사람의 유형

저는 두 범주로 나눠봤습니다. '생각할 수 있는 범위 안에서'와 '가장 완전하다고 여겨지는 사람의 유형'으로요.

'생각할 수 있는 범위'라는 자체가 사람에 따라 넓을 수도 있고 좁을 수도 있어요. 굉장히 주관적이죠. 생각의 범위는 주로 경험치를 반영할 수밖에 없습니다. 남자를 만나본 경험치가 높더라도, 세상의 모든 남자 중 안 만나본 남자가 더 많을테니까요. 따라서 '생각 안에서' 뽑아보는 이상형은 그 범위가 굉장히 좁을 수 있습니다.

'가장 완전하다고 여겨지는 사람의 유형'의 의미는 안 그래도 좁은 생각의 범위에서 완전하다고까지 여겨져야 해요. 이상형의 범위를 더 좁게 단정 짓는 느낌인거죠. 결국, 나의 이상형을 말한다는 것은 내가 만날 남자의 영역을 좁히는 행위입니다.

요즘은 시간과 비용을 절약하려고 처음부터 내가 정한 조건이 아니면 만나지 않는다고 해요. 연애의 합리성을 추구하고 손해 보는 연애는 하지 않으려고 하는 거죠. 본인이 정한 조건을 완전히 갖춘 사람을 만나려고 합니다. 이상형의 조건이 시대가 지날수록 굉장히 구체화되고 있어요.

정해 놓은 조건이 있다면 과연 그 조건만 보고 좋아하는 마음이 생길까요? 어차피 완전한 사람은 없습니다. 내가 원하는 조건을 100퍼센트 만족시키는 사람은 이 세상에 없어요. 나조차도 완전하지 않잖아요.

저는 한 살이라도 더 어릴 때 이것저것 따지지 말고 남자를 만나라고 권유합니다. 조금이라도 순수할 때 이 사람, 저 사람 만나보는 게 사람을 편견 없이 볼 수 있거든요. 만나다 보면 생각지 못한 다른 면을 발견해서 나의 이상형이 바뀔 수도 있어요. 저 사람은 어떤 사람일까 찬찬히 봐보세요. 너무 단정 짓지 않아야 다양한 면을 볼 수 있고 여러 부류의 남자를 만날 수 있습니다. 저는 이상형은 단정 지을 수 없다고 생각합니다.

저의 첫 연애 상대는 제가 꿈꾸던 이상형이 전혀 아니었습니다. 제 이상형은 키가 크고, 피부도 좋고, 쌍꺼풀이 없는 눈을 가진 남성이었어요. 연예인으로는 굳이 이야기하지 않을게요. 느낌 오시죠?

하지만 제 첫 남자친구는 뭔지 모를 유쾌함과 재치만으로 그 사람의 키와 외모를 전부 커버하는 사람이었습니다. 그 후 다수의 연애 경험을 통해서 이상형이 아니더라도 내가 사랑에 빠져버리면 그 남자가 내 이상형이 된다는 것을 깨달았습니다. 그제서야 내 이상형의 기준도 새롭게 바뀌었고, 이상형이 아닌 사람과도 충분히 연애하고 사랑할 수 있다는 것을 알았습니다.

이상형을 사전에 미리 정해두고 만남의 폭을 좁히지 마세요. 백마 탄 왕자님이 현실에 없는 것처럼 내가 정해놓은 높은 조건의 이상형이 있다면 진짜 운명의 상대가 지나가도 놓칠 수 있습니다. 진짜 백마 탄 왕자는 말에서 내리지 않고 쭉 가는 것처럼요.

이상형에 대한 질문을 오히려 다르게 활용해보면 어떨까요? 저는 우선 이상형을 단정 짓지 말고 여러 유형의 남자를 만나보라고 했습니다. 하지만 우리가 마음에 드는 그 남자의 이상형까지 컨트롤할 수는 없습니다.

소개팅에서 그 남자가 마음에 들었다면 이상형이 어떤지 물어보세요. 나를 지칭하는 것 같은 이상형을 말해주면 좋겠지만, 나에게 해당되지 않는 내용이 있다 하더라도 상심하지 말아요. 소개팅은 이제부터 시작입니다. 지금 그 남자의 이상형이 된 것처럼 행동해보세요. 반대로 그 남자도 나에게 같은 질문을 할 거예요. 그 남자를 표현하는 스타일, 성격 등 내 이상형이 그 남자인 것처럼 말을 해보세요. 그 남자에게 긍정적인 신호를 주는 거라 한층 더 분위기가 부드러워질 수 있습니다.

다인's TMI

제 이상형은 제 남편이 되었습니다.

만남도 환경이 필요해!
만날 환경 계속 만들기

"정말 연애하고 싶어요. 어디서 만나야 할까요?"

저는 본인이 연애할 수 있는 환경부터 만들라고 합니다. 공부도 공부 환경이 필요한 것처럼, 만남도 이성을 만날 환경이 필요합니다.

굳이 환경을 만들어야 할까요? 그저 인연이 되면 만날 수 있을 거라 생각하는 사람들이 많습니다. 못 만나게 되면 내가 만날 상대는 아니었나 하고 포기하는 사람들도 많지요.

연애를 하고 싶다면 아니 이성을 만나고 싶다면 적극적으로 그 환경을 만들어야 합니다. 어느 날 갑자기 하늘에서 남자가 떨어지지 않아요. 그러나 저는 친구들에게 남자친구가 생기면 이렇게 말합니다.

"갑자기 하늘에서 떨어졌어."

우스운 표현일 수도 있지만 노력하는 자에게는 하늘에서 남자가 떨어집니다. 왜냐하면 항상 이성을 만나기 위해 대기하고 있으니까요.

소개팅, 미팅, 헌팅 등도 다 좋은 환경이지만 솔직히 그런 곳에서는 한 번에 인연을 찾는 게 쉽지 않습니다. 저도 소개팅을 많이 해봤지만 성공 확률이 높지는 않았어요. 모르는 남자를 짧은 시간 안에 파악하는 것이 힘들었고 무언가 공통점을 찾으려고, 좀 친해져 보려고 애쓰는 제 자신이 좀 식상해 보였죠. 그럼에도 불구하고 제가 연애를 많이 할 수 있었던 이유는 만날 환경을 언제나 만든 것입니다.

어떻게, 어떠한 환경을 만들어야 할까요?

우선 자신이 사람 만나는 것을 귀찮아하는 성향인지 한번 생각해보세요. 외향적이고 내향적인 성격을 떠나서요. 가장 조심해야 할 것은 연애는 하고 싶은데 사람 만나는 것 자체를 귀찮아하는 겁니다. 귀찮아하지 마세요. 의외로 귀찮아하면서 외로워하는 사람들이 많습니다. 가만히 기다리지 말고 당장 이불 밖으로 나와 적극적으로 찾아 나서야 합니다. 내가 정기적으로 나가는 친목 모임이나 동아리, 스터디 후 여러 뒤풀이 등을 참석하는 사람인지를 생각해보세요. 시간이 있는데도 굳이 그런 모임에 참석하지 않는다면 '귀차니즘'이 맞을 거예요.

저는 학교 다닐 때 교내 행사들은 거의 참석했고 그런 모임이 없다면 직접 만들기도 했어요. 그런 모임에서는 꼬리에 꼬리를 물어 다른 친구들을 데리고 오는 경우도 꽤 많았기 때문에 만날 환경이 잘 조성이 되기도 했고요.

솔직히 저처럼 이렇게까지 할 필요는 없어요. 누군가가 보기에는 과할 수도 있죠. 하지만 내가 직접 남자가 있는 환경을 찾아 나서야 한다는 것입니다. 나의 존재를 알리는 것과 더불어 나 스스로에게 이성을 만날 기회를 줘야 합니다.

소개팅과 미팅을 해서도 마음에 들지 않아 만날 사람이 없다고 여겨지면 취미 모임을 해보는 건 어떨까요? 비슷한 취향을 가진 사람을 만날 수도 있고, 그런 모임에 참석하는 사람은 삶을 대하는 태도가 적극적이기 때문에 긍정적인 사람의 표본을 많이 만날 수 있습니다. 좋아하는 걸 하면서 좋아하는 남자가 생길 수도 있어요.

하고 있는 일에 치여 전혀 남자 만날 시간과 환경이 안 된다고요? 일에 바쁘지 말고 만남에 바쁘라고 하고 싶네요. 너무 바쁘면 연애할 생각이 나지 않겠지만 지금 일을 열심히 해서 괜찮은 여자가 되어 나중에 만나야지 생각한다면 그 생각은 잘못된 겁니다. 나중은 없습니다. 현재 한 살이라도 어릴 때 다양한 사람의 표본을 만날 수 있는 환경이 필요합니다. 마음에 드는 남자가 있는데도 지금 일이 힘들고 시간이 없으니깐 '나중에'라는 생각은 이제 접어두시길!

또 본인의 자기 계발에 할애하는 시간이 많아서 못 만나는 사람들도 있습니다. 그렇지만 연애하는 것도 자기 계발입니다. 다른 자기 계발에서 밀릴 이유가 전혀 없어요. 연애도 분명 학습과 환경이 필요합니다. 연애를 곧바로 하라는 게 아니에요. 그런 학습 환경을 만들라는 거예요. 남자를 많이 접할 수 있는 모임이면 좀 더 수월하게 학습이 되지 않을까요? 정말 내가 자기 계발에 욕심이 많은 사람이라면 자기 계발하는 모임에라도 참석해 보는 건 어떨까요?

저는 20대 초반에 항상 약속이 많고 스케줄이 꽉 차 있었어요. 주말에는 아르바이트를 했고 평일에는 학과 수업이 끝나면 교내 학술 동아리, 토익 스터디, 취업 스터디, 공모전 심지어 대학교 연합동아리 등의 모임을 하며 아주 바쁜 나날들을 보냈습니다. 그 바쁜 시기에도 절대 썸과 연애는 쉬지 않았어요. 오히려 그런 환경이 이성을 많이 만날 수 있었던 기회였습니다. 같이 무언가를 하면서 친해져 연인 관계로 발전할 수 있었죠.

이 남자, 저 남자 많이 만나볼 수 있었던 건 여러 모임에 참석하거나 제가 모임을 만들면서 만날 환경을 조성했기 때문이에요. 더욱이 남자가 봤을 때도, 할 일이 없어 시간이 많은 여자보다는 약속이 많고 바쁜 여자가 더 매력적입니다.

바쁜데 나에게 시간 내는 여자라면 더 호감을 느끼고 당신을 애타게 기다리지 않을까요?

철벽녀가 되지 말자

철벽녀란 단어 알고 계시죠? 보통 호감을 표현해도 철벽 친 듯 반응하지 않거나 확실히 선을 긋다 못해 벽을 치는 여자를 지칭합니다. 철벽녀의 예를 들어 볼 테니 혹시 본인이 철벽 치는 스타일인지 한번 생각해보세요.

모임에서 만난 어떤 남자가 당신에게 저녁을 먹자고 메시지가 왔습니다. 당신은 좋다는 마음보다는 좀 놀랍고 당황스럽습니다. 실은 마음에 들지 않거든요. 내키지 않아 거절의 표시로 다음과 같이 답변을 합니다.

"제가 왜요? 싫어요. 다음 모임에서 뵐게요."

다소 강한 예시이지만 실제로도 이런 경우의 답변을 여성분에게 받았다는 고민을 종종 듣습니다. 저는 정말 그 여성분이 안타깝다고 생각해요. 물론 얼마나 싫으면 저렇게까지 표현할까 싶지만, 이전까지 유지했던 관계가 끝나버릴 수도 있습니다. 끝내버릴 필요까진 없잖아요. 그 남자, 고백을 한 게 아니니까요.

'어차피 내가 만날 남자도 아닌데 시간 아깝게 무엇하러 내 아까운 저녁 시간을 할애해야 해?'라고 생각할 수는 있어요. 하지만 사람 일은 정말 모르는 겁니다.

사람은 경험해보지 않는 이상 알 수 없습니다. 아, 저녁 먹자는 그 남자는 별로 알고 싶지도 않다고요? 아니면 이미 다 알 것 같다고요? 상대를 잘 안다고 평가하는 것은 성급한 판단이에요. 솔로의 경우 주변의 모든 가능성을 열어두고 남자를 만나는 게 좋아요. 저는 그 사람에 대한 가능성을 전부 열어두라고 하고 싶습니다. 그 남자도 어쩌면 나라는 사람을 좀 더 알아 보기 위해 저녁을 제안했을 겁니다.

그러면 나 또한 '저녁 정도는 먹어볼까?'라는 심정으로 가볍게 먹고 오면 됩니다. 내 남자를 찾는 과정이라 생각하고 나에게도, 그에게도 한번 기회를 줘보세요. 둘이 같이 있는 시간이 처음이라면 한 번쯤 경험해보는 것도 좋아요. 다시 말하지만 그 남자가 고백한 게 아닙니다. 고백도 하기 전에 김칫국부터 마시지 마세요.

대부분의 남자는 철벽녀를 어려워하는 경향이 있습니다. 남자들뿐만이 아니라고 생각해요. 입장을 바꿔보면 제가 호감 있는 남자에게 호감 표시를 했을 때 돌아오는 리액션이 거대한 철벽의 느낌이라면 엄청 민망한 마음이 들어 다신 그 남자를 쳐다보지도 않을 것 같아요. 오히려 상대에 대한 배려도 없다고 느껴져 기분만 나쁩니다. 여자로서 다가갔지만 인간적인 매력도 인정 못 받는 느낌이 들 거예요. 둘만의 시간을 보내기도 전에 거절당한 거니까요.

철벽 치는 여성분 중에 본인이 먼저 대시해서 만나는 경우는 별로 없을 거라 생각해요. 괜찮은 상대가 나타나기 전까지 철벽만 칠 줄 알지, 스스로 다가가서 대시해본 적은 거의 없을 거예요. 철벽 쳤을 때의 상대 마음을 헤아린다면 철벽을 칠 수 없거든요. 그런 분들에게는 먼저 호감 표시를 하면서까지 연애하라고 할 수는 없어요.

내가 누군가에게 다가가기 힘든 성격이면 누군가가 다가오기는 쉬워야 합니다. 다가가기 힘들고 다가오기 힘든 성향의 사람이라면 친구조차 만들기 쉽지 않아요. 연애는 더더욱 힘들겠죠. 절대 쉬운 여자가 되라는 뜻은 아닙니다. 남자들이 나에게 다가오기 쉬워야 연애하기까지 선택의 폭이 생깁니다. 밀어냄으로써 인연의 싹을 스스로 잘라버리지 마세요.

철벽 치지 말라는 의미가 누구든 상관없이 저녁 먹자고 하면 다 저녁을 먹으라는 의미는 아닙니다. 상대가 나를 생각해서 보인 호감에 대해 너무 매몰차게 하지 말라는 거예요. 당신은 친절하게 대하되, 거절은 정중하게 하는 겁니다. 이쯤에서 앞에서 철벽으로 대답한 상황을 친절한 거절의 표시로 다시 바꿔보겠습니다.

"아, 제가 당분간은 시간을 빼기가 힘든 상황인데, 어쩌죠? 아무래도 모임에서 봐야 할 것 같아요. ㅠㅠ"

거절도 상대방의 마음이 덜 상처받아야 내 마음이 덜 불편합니다. 그리고 내 이미지도 굳이 나쁘게 만들 필요도 없어요. 단호하게 거절하지 않음으로써 그 남자를 한번 생각해볼 시간을 가질 수도 있습니다. 이후 진짜로 내가 호감이 생기는 순간이 나타날지 모르잖아요. 그때 이전 상황을 연결

짓기 편하게 만들어 놓으면 좋죠.

"저번에 저녁 먹자고 하신 거 아직 유효하나요?"

만일 상대가 고백했을 때 마음에 들지 않으면 그 고백에 대한 거절은 확실히 해야겠지만, 그전까지는 굳이 철벽 치면서 마음의 문을 빨리 닫지 말아요. 철벽 치다가 평생 철창 안에 혼자 갇혀 살 수도 있습니다. 나에게 호감을 보인 상대에게 비호의적으로 대응할 필요까진 없잖아요?

평소에 본인이 철벽 치는 스타일이라면 연애를 못 하는 이유가 본인 스스로에게 있을지도 모릅니다. 아직 내가 남자 보는 눈이 없다고 생각하고 조금만 철벽을 내려놔 보세요. 당장 연애는 아니더라도 인생의 좋은 친구나 조력자가 될 수도 있습니다.

호감을 가지고 다가오는 남성이 있다면 바로 거절하지 말고 좀 더 지켜보는 거 어떨까요? 당신에게 금세 마음의 벽을 허물 수 있는 남자가 나타날 겁니다.

고백받게끔 하거나 고백하거나

마음에 드는 남자가 생겼어요. 아니 좋아하는 것 같아요. 그 남자 때문에 너무 설레 잠도 안 오고, 그 남자가 내 곁을 지나갈 때마다 심장박동이 요동쳐요. 하지만 그 남자, 내 마음을 아는 듯 모르는 듯 행동합니다. 나는 어떻게 해야 할까요?

뭘 어떡해요? 그 남자에게 표현해야죠.

이성에게 고백받게끔 한다는 것은 상대에게 내 마음을 티를 내어 호감 표시를 하는 겁니다. 제가 말하는 건 상대를 유혹해서 고백을 받아내는 그런 스킬이 아니에요. 내 마음을 어느 정도 보여주면 당장은 그 남자 마음이 나를 향하지 않아도 나를 여자로 생각할 여지가 있어요. 그때부터입니다. 내 마음을 티내야 뭐라도 시작할 수 있습니다.

사람 마음이 투명한 유리처럼 보이는 거라면 그 남자는 당연히 내 마음을 알고 있겠죠. 그리고 당신도 그의 마음이 보일 겁니다. 하지만 '열 길 물속은 알아도 한 길 사람 속 모른다'는 속담이 있듯이 사람의 마음은 말하지 않는 이상 정말 알기 힘듭니다. 내 마음을 티내야 그 남자의 마음도 어떠한지 가늠할 기회가 생길 수 있어요. 티를 냄으로써 그 남자의 시선을 받아야 합니다. 대부분의 남자는 자기한테 호감을 보이는 여자에게 관심이 생기게 마련이에요. 당신을 절대 헤프게 보지 않아요. 더 용기 있어 보이고 '저 사람이 저런 면도 있구나'라고 생각하며 그 남자에게 당신이 매력적으로 다가올 수 있어요. 그 남자는 자기에게 보이는 호감 덕분에 스스로 우쭐해 할지도 모르지만, 당신이 표현한 그 마음에 대해서는 절대 우습게 여기지 않습니다. 분명 긍정적일 거예요.

현재 서로에게 어느 정도 호감은 있고 썸을 오래 타고 있는 상태라면 고백하세요. 그 남자의 고백을 기다리고 있다가는 썸의 상태가 뜨뜻미지근해질 겁니다. 어쩌면 이미 미지근해졌을지도 몰라요. 더 길어지면 흐지부지하게 관계가 끝날 수도 있어요. 더 식기 전에 이 썸에 다시 불을 붙여야 합니다. 애매한 관계는 고백으로 인해 새 국면으로 들어갈 수 있어요. 고백으로 그 남자의 마음을 썸인지 어장인지 확인하세요.

지인들에게 마음에 드는 이성이 생기면 먼저 적극적으로 행동하라고 합니다. 그 사람은 내 마음이 어떠한지 전혀 모르잖아요. 표현을 안 하면 정말 모릅니다. 내가 주체적으로 행동해 그 남자의 시선을 나에게로 돌려 그의 바운더리 안에 들어가야 합니다. 고백도 내가 먼저 좀 하면 어때요? 내가 고백하면 내가 원하는 사람과 사귈 수 있습니다.

그럼 내 마음을 티내기 위한 방법을 어떻게 시작할까요? 먼저 연락해서 그 남자의 일상을 궁금해해야겠죠. 그 남자에게 내가 너의 일상을 궁금해한다는 것을 알려주세요. 거기서부터 시작입니다. 안부 인사 메시지를 보내보세요. 그 남자와 데이트를 하고 싶다면 다짜고짜 저녁 먹자고 하는 것보다 좋아할 만한 거나 평소에 못 해본 것을 같이 해보자고 하면 어떨까요?

고백하는 방법은 거창하지 않습니다. 별거 없어요. 진정성을 가지고 짧고 정확하게 전달하는 게 중요합니다. 그동안 마음고생했던 내 마음을 구구절절 설명할 필요 없어요. 선물 같은 것도 필요 없습니다. 다만 상대의 눈을 바라보며 진심을 전달해야 합니다. 고백하는 것도 마음 훈련입니다. 표현을 해봐야 아는 거고, 해봐야 느는 겁니다. 마음을 표현하고 고백하는 것만큼 아름답고 설레는 말들이 없습니다. 사귀기 직전이 가장 설렌다는 말이 있는 것처럼요.

저의 연락부터 고백까지의 경험담 하나를 들려드릴게요. 예전부터 관심 있던 후배에게 갑자기 안부가 궁금해서 연락했습니다. 문자나 카카오톡도 아니고 페이스북 메신저로요. 연락처도 없었거든요. 오래전에 관심은 있었지만 그 후배에게 여자친구가 있어서 중간에 포기할 수밖에 없었어요. 다행히 오랜만에 연락했을 때는 여자친구가 없더라고요. 저는 기회다 싶어 친구와 사진전을 보려고 예매했던 티켓을 그 후배한테 보러 가자고 제안했습니다.

뜨거운 여름날, 우리는 예술의 전당에서 만났어요. 사진전을 감상하고 저녁 식사를 하며 대화가 무르익을 때쯤 고백했습니다. 어떻게 말했냐고요?

"널 처음 볼 때부터 남자로 느껴졌어."

약간 당황했던 그 후배는 오랜 침묵 끝에 싫지는 않았는지 한번 만나보자고 하더군요. 그 후배는 훗날 제 남편이 되었습니다.

혹시 맘에 드는 남자에게 친구인 척하면서 주변을 맴돌고 있나요? 지금 관계가 깨지는 게 두려워 고백하는 걸 망설이나요? 나의 고백으로 친구 관계도 유지 못 할까 봐서요? 물론 그 우정 중요합니다. 하지만 아니죠. 내가 그 친구를 남자로 생각하면 더 이상 우정이 아니라 사랑이에요. 내 마음을 내가 접지 않는 이상 그 마음은 더욱 커질 거예요. 드러내지 않으면 마음은 더욱 애타게 마련이죠. 드러내고 수면 위로 올려봐야 내 마음도 그의 마음도 선명해집니다. 그 관계를 잃을까 두려워하지 마세요. 짝사랑으로 내 젊은 시간을 헛되이 지나가는 걸 차라리 두려워하세요.

우정의 온도를 사랑의 온도로 바꿔야 합니다. 그에게 연인이 없다면 고백하세요. 더 이상 나를 친구로만 보게 하지 말고 여자로 보게 하세요. 그리고 설사 고백 후 어색한 사이가 되더라도 어차피 친구 관계는 곧 회복됩니다. 그도 나와의 친구 관계를 잃지 않으려고 노력할 거예요. 오히려 고백하고 그가 잠수타거나 모른척한다면 잘 됐어요. 그가 생각하기에 우리의 우정도 별거 아니었다는 거예요. 절대 차인 게 아닙니다. 내 마음을 그에게 보여줬을 뿐이에요. 진짜 시작도 안 했잖아요.

모든 걸 다 떠나서 내 마음만 바라봐 주세요. 좀 이기적이어도 돼요. 내 마음은 어차피 나밖에 모르는 거잖아요. 내가 지켜주고 아껴줘야 합니다. 이런 소중한 내 마음을 그에게 고백하세요. 그에게 내 마음을 전달하세요.

사랑의 시작은 고백입니다.

다인's TMI

남편에게 고백했을 당시 '일단 내 마음을 표현하자'였어요. 한번 만나보자 했을 때, 뛸 듯이 기쁜 마음을 티 안 내려고 노력했던 게 아직도 기억나네요. 이미 좋아한다고 고백해놓고.

차여도 기죽지 말자!
어차피 또 있는걸?

고백에 차여 슬퍼하는 당신, 그 남자에게 용기 내어 고백했지만 돌아오는 대답이 미안하다는 말뿐인가요? 아니면 나를 보고 피하기만 하나요? 고백을 통해 내가 원하는 대답은 못 들었지만, 너무 슬퍼하지 말아요. 차라리 잘됐어요.

아니 왜 잘 됐냐고요? 지금 슬퍼죽겠는데 무슨 소리냐고요? 비록 그 남자 마음이 나와 같은 것에는 실패했지만, 그 남자 마음이 어떤지 아는 것은 성공했잖아요. 마음도 모르고 마음 졸이며 헛되이 시간을 보낼 뻔했어요. 정말 포기가 안 되고 다시 고백을 시도해 볼 마음의 여력이 있다면 플랜B를 가동할 기회도 생긴 거잖아요. 우리 긍정적으로 생각하기로 해요. 사귀다 헤어진 것도 아닌데요, 뭐.

고백하고 차였는데 앞으로 그 남자 얼굴을 어떻게 보냐고요? 아니 왜 못 봐요? 죄지은 거 아니잖아요. 내 마음을 드러내 보인 것에 부끄러워하지 마세요. 당당해져야죠. 설마 부끄러워했다면 내 마음한테 사과하세요. 좋아하고 고백했던 내 마음이 가장 상처받았을 거예요. 그 마음에게 용기 있게 고백해서 잘했다고 칭찬해주지 못할망정 부끄러워 숨으려고만 했나요? 지금 내 마음을 한번 들여다보세요. 설렘에 용기 낼만큼 당당했던 마음이, 고백에 차인 상처보다 내가 부끄러워하는 상처로 작아져 있을 겁니다. 그렇게 되면 앞으로 또 다른 사랑 앞에 용기 내기가 쉽지 않을 거예요.

그 남자와 모두를 아는 지인들 앞에서 더 당당하게 행동하세요. 안 될 것 같지만 정말 당당해지고 괜찮아집니다. 어느새 '내가 저 남자를 좋아했었나?' 하면서 그 마음이 잊혀져요. 그러다 보면 나에게 또 다른 사랑이 찾아올 겁니다.

'네가 나를 감히 거절해? 나를 안 만난다고?'라는 마인드도 좋아요. 화를 내면서 시원하게 정리하세요. "네가 여자 보는 눈이 없구나? 평생 여자 보는 눈이나 없어라!"라고 말하면서 마음속에 들어왔던 그 남자를 뻥 차버리세요.

마음속에서는 내가 그 남자를 찬 겁니다. '정신 승리'라 해도 좋아요. 괜찮습니다. 그리고 다시는 생각하지 마세요.

그런데도 아직도 힘든가요? 그 남자는 나를 사랑할 준비가 안 된 남자입니다. 그런 사람 때문에 힘들어할 필요 없습니다. 억지로 좋아함을 강요해서도 안 되고요. 알잖아요. 사람 마음은 정말 어떻게 안 된다는 거요. 경험해봤다시피 나도 모르게 그 남자를 좋아한 거잖아요. 자연스레 마음이 갔던 것처럼 또 다른 사랑이 다가올 겁니다. 다시 찾아 나서면 됩니다.

저 또한 고백에 여러 번 실패해 '내가 그렇게 매력이 없나?' 생각이 들며 공허했던 순간이 많았습니다. 막 예쁘진 않아도 나 스스로 매력적인 얼굴이라고 자신감 있게 살았거든요. 그리고 굳이 외모가 중요하다는 생각도 안 했고요. 누군가 나에게 첫눈에 반해 사랑에 빠지는 것보다 나만의 모습으로 내 진면목을 보여주면 된다고 생각했습니다.

저의 고백들 중 하나를 이야기해볼게요. 저는 한 남자에게 몇 번을 찾아가 선물 공세를 하며 좋아한다고 고백했었습니다. 결과는 다른 여자와 사귀더라고요? 그 당시 참 배신감도 크고 눈물도 많이 흘렸습니다. 어린 마음에 받아들이기 힘들었지만 받아들여야만 했었죠.

고백에 차이는 것도 훈련이 필요해요. 차이고 싶은 사람은 없어요. 그래서 더더욱 훈련이 필요합니다. 상대방과 마음이 다르다는 사실을 받아들여야 해요. 인정하기 어렵겠지만 인정해버리면 내 마음은 더 단단해집니다. 받아들여야 새로운 사람을 또 만날 수가 있거든요.

조금 더 나이를 먹어보니 차여보는 것도 인생에서 좋은 경험이었다는 생각이 들어요. 내가 누군가로부터 거절당하는 느낌은 좋지않지만 차라리 어렸을 때 많이 경험해보는 게 나아요. 그렇게 함으로써 나 스스로를 발전시킬 수 있는 기틀이 마련됩니다. 내가 나를 계몽시켜 좀 더 매력적이고 괜찮은 사람으로 변화가 시작되는 거죠. 그렇다고 심각하게 문제의식을 느낄 필요는 없습니다. 내가 괜찮은 사람으로, 좋은 사람으로 발전하고 싶은 마음만 있다면 스스로 노력하게 되더라고요. 아픈 만큼 정말 성숙해집니다.

방금 말한 고백 후 4년 정도 시간이 흘러 그 남자와 재회할 기회가 생겼어요. 몇 번 밥도 먹어보고 술도 먹어보면서 좀 더 가까이에서 그 남자를 지켜봤어요. 그런데 제가 남자 보는 눈이 바뀌었는지, 매력적으로 다가오지 않더라고요. 그래서 그만 관계를 정리하려고 하는 순간에 그 남자가 고백을 하더라고요. 그때는 저를 잘 몰라봤다면서요. 저의 마음은 그 남자와 달랐기에 정중하게 거절했습니다. 그러고 나니 이런 생각이 들더군요. 외모나 체형이나 성격 등 불과 4년 만에 크게 달라진 것은 없는데 이 남자가 왜 고백을 할까. 그동안 고백에 차이고 외모와 마음을 가꾸어 그때보다 매력적인 여자가 된 것이 아닐까 하고요. 그때 차이길 참 잘했다고 생각이 들었어요.

고백에 차여도 기죽지 말아요. 이 남자뿐이라고만 생각하지 말고, 이 세상에 내 남자가 없을 것 같다고 생각하지도 말고요. 지금 길만 지나가도 남자가 몇 명이 스쳐 지나가는데요. 방금 '말은 쉽지'라고 생각했나요? 근데 그건 사실입니다. 그 많은 남자 중에 내 남자가 있을 거예요. 그렇게 생각하면 돼요. 믿어보세요. 정말 '어차피 또' 있습니다.

그의 취미도 이젠 내 취미야

만약 당신이 한 남자를 짝사랑하는 중입니다. 그 남자에게 자연스레 접근하고 싶다면 그 남자가 좋아하는 취미에 관심을 가지고 해보는 게 어때요? 분명 당신도 그 남자가 하는 취미를 좋아하게 될 겁니다. 그 남자에게 다가갈 기회를 줄 테니까요.

우선은 그 남자가 무엇을 좋아하는지부터 알아야 합니다. 가장 쉬운 방법은 역시 SNS죠. 그 남자의 일상을 기록한 SNS를 통해 그 남자의 관심사, 취미를 파악해 보는 거예요. 공개된 SNS이니까 그 정도 알아보는 건 괜찮아요. 만일 SNS를 하는 상대가 아니라면 대화하면서 알아보거나 그 사람 주변을 관찰해보면서 주로 무엇을 하는지 알 수 있을 거예요. 또한 그 사람의 지인을 안다면 그 남자의 근황 등을 들어보면서 알아낼 수도 있겠네요. 좋아하는 것은 티가 나기 때문에 그 남자의 취미를 금방 알아낼 수 있습니다.

소개팅에서도 상대가 말한 관심사나 취미 등에 대해 적극적인 관심을 표현하면 분위기는 한층 더 유쾌해질 수 있습니다. 반대로 상대가 내 취미에 대해 깊은 관심을 준다면 없던 호감도 생기기도 하고요. 그 남자의 취미에 대해 관심 있는 척을 해보세요. 아직은 잘 모른다 하더라도요. 자신이 좋아하는 것을 누군가 물어봐 준다면 흔쾌히 대답하기 마련입니다. 공통 관심사가 생겼다고 생각해 친밀감이 높아질 거예요. 우리는 공통점이 있다는 것에 끌리기도 하거든요.

이제 그 남자의 관심사와 취미를 알게 되었나요? 하지만 아는 것만으로는 그 사람에게 다가가기는 무리입니다. 몇 마디 말로 때울 수는 없잖아요. 직접 해봐야 압니다. 해 보면서 이런저런 느낀 점 등을 기억하는 거예요. 긍정적인 느낌이면 좋을 것 같네요. 그러고 나서 당신이 그 취미에 대해 공부를 하거나 시도했다는 사실을 그 남자에게 알려주세요. 자기가 좋아하는 걸 하는 여자면 큰 호감이 생길 수 있습니다. 시도

해봤다는 그 자체만으로도 공감대 형성은 물론 당신과의 성향이 맞는다고 여길 수도 있어요. 취미에 대한 느낌 등을 공유하면서 대화 소재도 자연스러워져 대화가 잘 통한다고 생각할 겁니다. 앞으로 이 취미에 대해 궁금한 점을 핑계로 연락도 해보세요. 자연스럽게 그 남자한테 한 걸음 더 다가갈 수 있는 기회입니다.

마지막으로 그 사람에게 취미를 같이해보자고 하는 겁니다. 같이하자고 할 때 아마 거부 의사는 없을 거예요. 충분히 무엇을 좋아하는지 공유된 상태고 취미 친구라는 생각으로 크게 거부감 없이 다가갈 수 있습니다. 사람은 자기가 좋아하는 일을 할 때 진짜 성격이 나와요. 그 사람을 더욱 잘 파악할 수 있는 좋은 기회입니다. 같이하면서 친밀감도 높아지고 당신도 그 사람에 대해 더욱 알아보는 겁니다.

저는 대학교 연합 동아리에서 활동하던 중 한 남자에게 호감이 생겼습니다. 일대일로 만나보고 싶었는데 워낙 그 사람이 바빠서 동아리 정기 모임에서 만날 수밖에 없더라고요. 당시 그 사람은 다이어리를 2개씩 들고 다니면서 시간을 굉장히 쪼개서 아껴 쓰는 사람이었습니다. 하는 수없이 그 사람 취미에 내가 동참하면 같이 시간을 보낼 수 있겠다고 판단했어요. SNS를 눈여겨보며 그 남자의 취미활동을 알게 되었습니다. 미술작품 감상, 커피 마시기, 등산이었어요. 미술작품과 커피는 잘 알지 못하더라도 그 사람이 좋아할 것 같은 미술관과 카페를 검색했습니다. 괜찮은 몇몇 장소를 추려서 같이 가보자며 바로 제안했고요. 다행히 그 남자는 긍정적인 반응이었고 이후 함께 다니며 서로의 일상도 이야기하는 사이가 되었습니다. 반은 성공한 거죠.

그렇게 연락을 주고받던 중 어느 겨울 주말에 등산을 혼자 간다더라고요. 이번이 마지막 기회라고 생각했어요. 아침부터 간식들을 준비하며 따라나섰습니다. 어려운 산행이 아니어서 두런두런 대화하며 산에 올라갈 수 있었어요. 산에서 내려오고 배고파진 우리는 등산 후 빠질 수 없는 파전집에서 맛있는 막걸리를 들이켰습니다. 그리고 들이킨 막걸리 한 병이 동이 날 때쯤, 막걸리의 힘을 빌려 고백했어요. 그는 조금 생각하더니 환하게 웃으며 제 마음을 받아주었습니다.

그 당시 그가 했던 말이 생각나네요. 그동안 어렴풋이 내 마음을 알고 있었다고요. 자기가 하는 것에 뭐든 관심을 가지며 이야기도 잘 들어주고 기꺼이 힘든 등산도 따라와 주는 마음이 예뻤다고 하더라고요. 저의 노력이 통했던 겁니다. 그 후 그 분과는 짧은 연애로 끝났어요. 왜냐고요? 시간을 쪼

개 쓰는 남자의 데이트는 저를 참 외롭게 만들었습니다. 하지만 저의 20대 연애 역사에 바쁜 남자를 만나 전시회, 미술관 등의 데이트를 경험해보기도 했네요. 어쨌든 저에게 남는 장사였습니다. 연애는 오래 못 갔지만 다양한 취미의 경험을 얻을 수 있었으니까요. 그리고 취미를 같이 하려는 노력이 연애 시작에 있어서 긍정적인 열매를 맺을 수 있다는 것도 알게 되었습니다.

좋아하는 그 남자의 취미에 대해 관심을 표현해보는 게 어떨까요? 그 남자 마음에 다가가기 위해 그 남자가 좋아하는 것들부터 시도해보세요. 그 사람이 좋아하는 취미를 함께 하다 보면 그 남자가 좋아하는 사람은 당신이 될 수도 있습니다.

다인's TMI

남편이 이 부분을 보면서 한마디 하더군요.
"아이고 등산도 갔었어?"

썸 그만 타고 우리 이제 연애할까요?

보통 연애의 시작은 처음 만났을 때 느꼈던 호감, 호감으로 시작된 썸 이후 고백 비슷한 거로 서로의 마음을 확인하며 연애가 시작됩니다. 이 과정에서 썸의 기간을 어느 정도 겪게 되는데, 썸이 너무 길어지면 연애로 넘어가기 쉽지 않아요. 썸이 길어진다는 것은 그 남자가 나를 좋아하지 않을 확률이 크다는 겁니다. 그 남자가 외로울 때 연락하는 그런 어장일 확률이 큰 거죠. 정말 좋으면 빨리 만나보고 싶어 합니다. 아무리 신중한 사람이라 하더라도 썸을 길게 놔두지 않아요. 그 남자의 마음을 확인하기 위해서라도 썸을 끝내야 합니다.

썸을 끝내려면 어떻게 해야 할까요? 그 남자가 고백을 하거나 내가 고백을 해야 하는데, 언제까지 그 남자의 고백을 기다리기만 할 건가요? 내가 좀 고백하면 안 되나요? 그렇게 어렵지 않습니다. 어렵지 않다고 생각해야 합니다. 수동적으로 저 남자가 만나자고 하는 시기만을 기다릴 건가요? 썸의 종식도 당신이 할 수 있고 연애의 시작도 당신이 정하면 됩니다. 원하는 시기와 원하는 남자 모두 당신이 정할 수 있습니다.

썸도 흐지부지할 때가 있습니다. 호감이 생길 때는 그 남자의 장점만이 우선적으로 보이기 때문에 호감이 생깁니다. 주로 호감으로 썸의 관계가 시작되는데, 썸을 타면서 그 남자의 취향이나 기본적인 성격 등을 파악하게 됩니다. 그리고 이 남자가 나를 좋아하는지, 안 좋아하는지 밀당하면서 썸의 관계를 유지하는 거죠. 하지만 이 밀당도 하다 보면 느슨해지고 썸도 길어지고 처음에 느꼈던 설렘이 식어가서 호감도가 떨어질 수 있어요.

썸 타면서 그 남자에 대한 호감이 더욱 커진다면 연애를 바로 시작하는 게 좋습니다. 그 남자의 마음도 나와 같은지 중요하겠지만 저는 상관없다고 생각해요. 썸을 탄다고 생각했다면 그 남자도 어느 정도 당신에게 호감이 있는 거잖아요. 썸을 당신이 종식시키는 겁니다.

상대를 더 지켜보고 알아보고 싶다는 사람들이 꽤 많습니다. 하지만 연애하면서 충분히 알아보면 됩니다. 어차피 썸 탈 때는 그 사람이 나에게 좋은 면만 보이려고 해서 더 지켜볼 필요가 없어요. 사람은 겪어봐야 안다는 말 많이 들어보셨을 텐데요. 그 남자는 아마 썸 탈 때 다르고 연애할 때 다를 겁니다. 그 남자에 대해 깊이 알아볼 수 있는 것은 썸이 아니라 연애할 때입니다. 연애할 때 이제 연인이라는 특별한 관계로 의미가 부여되었으니 만나다 보면 좀 더 편해지고 본인의 진짜 성격이 나오기 마련입니다. 사귀고 나서 알아봐도 절대 이른 게 아니에요. 어차피 썸 탈 때 100퍼센트 온전한 그의 모습을 볼 수 없을 테니까요. 그 남자가 좋다면 썸의 기간, 내 상황 등으로 너무 고려하지 말고 연애를 바로 시작하세요.

지금 호감은 있는데 본인의 상황이 여의치 않아 연애를 못 한다고 이야기하는 사람들이 있습니다. 그럼 호감은 왜 가졌고 썸은 왜 탄 거죠? 할 거 다 해놓고 연애를 안 하겠다는 게 말이 되나요?

이미 그 남자와의 마음이 시작됐어요. 시작을 했으면 끝을 봐야 하지 않을까요? 연애 단계로 넘어가세요. 어차피 결혼하는 것도 아니잖아요. 인생의 풍파는 예고하지 않고 들이닥칩니다. 그게 두려워서 연애를 늦춘다면 정말 내 사람을 놓칠 수도 있어요.

저의 경우 새로운 사람을 만났을 때 호감이 가기까지는 시간이 좀 걸리긴 합니다. 하지만 썸을 타기 시작하면 2주 이상 넘겨본 적이 없어요. 솔직히 성격이 좀 급한 것도 영향이 있습니다. 이 남자가 지금 당장 좋은데 썸 타는 게 시간이 아깝다는 생각이 들더라고요. 어서 만나보고 싶은 마음이 더 컸습니다. 이 남자가 어떤 남자일지는 항상 궁금했는데, 썸으로는 좀처럼 알기 힘들다고 판단했어요. 나와 맞는 성향인지는 정말 연애를 해봐야 압니다. 썸으로 주고받는 메시지나 대화로는 분명 한계가 있어요. 여자친구가 아니니까 더 다가가면 안 되는 느낌이 들어 짧은 썸을 타고 빠른 연애를 지향했습니다.

썸을 빨리 탔던 이유가 하나 더 있습니다. 시간 낭비를 하고 싶지 않았어요. 만나보고 아니면 빨리 헤어져야 하잖아요. 그 남자 마음이 내게 많이 커졌다 하더라도 내가 아니면 만날 수가 없어요. 물론 상대도 마찬가지입니다. 한쪽 마음이 달라지면 만날 수가 없지요. 그게 연애 초반에 많이 결정이 납니다. 만약 썸 탈 때 보이지 않았던 것들이 연애할 때는 눈에 들어와서 좋았던 감정이 식어버렸어요. 그럴 때는 빨리 헤어져야 합니다. 그 남자의 마음이 더 커지기 전에요. 나쁘다고 생각하지 않아요. 저도 제 남자를 찾아야 하잖아요. 계속 함께할 사람이 아닌 데 시간 낭비할 수는 없죠.

내 남자인지 아닌지는 썸이 아니라 연애하면서 알아봐야 합니다. 지금 당장 좋아하는 썸 타는 남자에게 말해보세요.

"썸 그만 타고 우리 이제 연애할까요?"

2

연애 초반_

쓰레기를 걸러내자

네가 나라고 생각해봐!

역지사지, 처지를 서로 바꾸어 생각한다는 뜻으로 상대방의 입장에서 생각해본다는 뜻입니다.

연애 초반에 우리는 연인과 꽤 많은 다툼을 합니다. 아무래도 각자 가치관이 다르고 생활방식이 다르기 때문이에요. 나는 이렇게 생각하는데, 그 남자는 대체 왜 이렇게 생각하는지 모르겠다고 느낀 적이 많으시죠? 그것은 그 사람 입장이 안 되어봐서 그래요. 그 사람도 마찬가지입니다. 내 입장이 안 되어봐서 그런 거죠.

솔직히 역지사지만 해도 연애에서 발생하는 대부분의 문제 해결 실마리를 푸는 데에 기본 이상은 갖춘 겁니다. 그런 사고방식을 가진 두 남녀가 만나면 장수 연애를 할 가능성이 굉장히 커요. 혹시 연애를 하기는 하는데 내 고집 때문에 상대와 자주 싸우거나, 긴 연애를 해본 경험이 없다면, 내가 역지사지가 되는 사람인지 한번 생각해보세요. 아마 역지사지가 잘 안 될 가능성이 커보여요. 저도 그랬으니까요. 하지만 지금 만나는 이 남자와 깊고 긴 사랑을 하고 싶다면 또는 짧은 연애를 이제 그만하고 싶다면 , 반드시 역지사지를 해야 합니다. 역지사지 사고방식은 서로의 마음을 알아주는 기본기입니다.

생각보다 역지사지가 연인 관계에서 잘 적용이 안 되는 경우가 많습니다. 평소 남을 배려하는 성향의 사람이어도 연애를 할 때는 사랑이라는 이유로 그 사람에게 바라는 게 많아서 일 거예요. 처음부터 그 사람 입장에서 생각하는 건 쉽지 않습니다. 하지만 사랑한다면 그 사람 입장이 되려고 노력해야 해요. 그게 그 남자 마음을 알아주는 행위이며 동시에 내 마음도 알아달라고 어필할 수 있는 방법입니다.

정작 그 사람이 돼보지 않으면 모릅니다. 하지만 우리는 그 사람이 되지는 못해요. 그래도 그 입장이 돼보려고 노력하는 거예요. 만약 내가 지금 내 남자친구와 같은 상황이었다면 내 기분은 어떨지에 대해 깊이 생각하는 겁니다.

역지사지가 되는 사람은 소통을 할 줄 아는 사람입니다. 겉핥기식 대화가 아닌 서로의 마음을 알아주는 대화이죠. 너의 마음, 나의 마음을 공유할 수 있는 대화이며 역지사지가 그걸 해주는 가장 기본적인 대화와 사고방식입니다. 아무리 외형적인 조건을 완벽히 갖춘 사람이라고 해도 내 마음 하나 알아주지 못하는 남자라면 매력적으로 보이지 않습니다. 당신도 마찬가지고요.

역지사지, 그럼 정말로 어떻게 하는 걸까요? 때때로 영화나 소설책을 볼 때 슬픈 장면이 나오면 눈물을 흘리며 공감한 경험이 있을 거예요. 왜 공감을 할까요? 그 주인공이 되어봤기 때문입니다. 당신은 그 주인공에게 감정이입을 한 거예요. 하물며 내가 사랑하는 사람의 입장 한번 되는 게 그렇게 어려운 걸까요?

어렵지 않습니다. 내 이기심과 내 고집을 조금만 내려놓으면 됩니다. 그래도 정 어려우면 우리의 다툼이 영화의 한 장면이라 상상해보세요. 내 남자를 그 영화 속 주인공으로 생각하면 됩니다. 그러면 주인공의 마음이 조금은 이해되지 않을까요? 내가 그 남자의 입장이 되어 보기도 하면서 이런 것들을 함께 해주는 남자를 만나야 합니다.

사람은 힘든 일을 겪으면 지금 이 순간은 본인이 가장 힘들다고 생각합니다. 연인과의 다툼을 하는 상황에서 제일 힘든 게 그러한 이유 때문인 거죠. 그 힘든 상황에서 그 사람이 나의 마음을 알아주고, 내가 그 사람의 마음을 알아주면 세상에는 우리 둘만 있는 것처럼 감격스럽습니다. 한창 싸우다가 서로의 말을 이해하는 순간을 만나게 되면 미운 감정은 온데간데 사라지고 상대가 내 마음을 알아주는 것 같아 그저 고맙고 사랑스럽거든요.

지금 만나는 남자가 역지사지가 안 되는 남자인가요? 그렇다면 내가 그 남자에게 공감받지 못했던, 역지사지가 안 됐던 방향으로 사건을 한번 만들어 보는 거예요. 만들기 힘들면 비슷한 그 상황에 직면했을 때 알려주세요. "내가 예전에 지금 네 마음처럼 좋지 않았어"라고 말하는 겁니다. 그 남자는 현재 본인의 마음을 알아줘서 고맙고, 그때 당신의 마음을 알아주지 못한 것에 대해 미안함을 느낄 거예요.

뭘 또 오버하는 것처럼 같은 상황을 만들어서 보여주기까지 해야 하냐고 생각할 수도 있습니다. 하지만 그 남자를 진심으로 사랑하고 놓치고 싶지 않기 때문에 우리는 이런 방법을 쓰면서까지 역지사지의 중요성을 알려주는 겁니다. 이 방법을 해도 안 통한다면 앞으로의 뻔한 연애 고생길이 보이기 때문에 헤어지는 게 좋습니다. 당신은 계속 답답하고 서운할 테니까요.

사회생활 하면서는 역지사지를 잘 하는 남자친구인데, 유독 연애에 있어서 나에게만 역지사지를 안 하는 사람이 있습니다. 상대방 입장은 생각 안 하고, 상대방은 틀리고 자기 생각만 맞다고 고집부리는 겁니다. 혹시 나를 소유하려 하는 건 아닌지 '나는 되지만 너는 안 돼'라는 사고방식을 가진 사람이 아닌지 이런 역지사지 테스트를 통해 검증할 수 있습니다.

사람은 생각보다 단순합니다. 역지사지가 안 돼서 똑같이 해주면 분명 깨닫는 게 있을 거예요. 그것조차도 깨닫지 못하는 고집불통인 남자와는 만날 필요가 없습니다.

친구들 속에 '그 남자'가 있다

한 남자와 썸을 타거나 연애 초반일 경우 당신은 그에 대해 궁금한 게 많을 겁니다. 그에 대해 빠른 시간 안에 좀 더 알고 싶다면 그의 친구들을 만나보는 거 어떨까요?

'끼리끼리 논다', '친구 따라 강남 간다', '유유상종'이란 말은 그냥 있는 말이 아닙니다. 그 남자의 친구를 보면 그 남자를 알 수 있어요. 친구들이 주로 어떻게 노는지에 따라 그 남자의 일상을 엿볼 수 있습니다.

그 친구의 취미나 가치관을 아는 것도 중요합니다. 그것은 분명 당신의 남자에게 공유가 될 테니까요. 좋은 영향을 끼치는 친구인지 나쁜 영향을 끼치는 친구인지 미리 알아둬서 나쁠 것 없어요. 어떤 친구와 만나서 어떻게 시간 보내는지에 따라 내 마음이 편할 수도, 불편할 수도 있어요. 훗날 내 연애가 지속될 때 연애의 스트레스 모양을 예측할 수도 있습니다.

또 연애 초반이라 아직 그 남자와 깊이 친한 관계가 아니라면 그 남자의 친구를 만나는 것은 그 남자와의 친밀도를 높일 수 있는 계기가 됩니다. 그가 봤을 때도 친구들 사이에 당신이 좀 더 친근하게 느껴지거든요.

친구들 속에 있는 그를 보면서 그에 대한 모든 정보는 아니더라도 '이런 모습이구나'라는 전반적인 성향을 알 수 있습니다. 좀 더 편해진 그의 모습에서 진짜 성격이 나오기 때문이에요. 그 모습을 한번 지켜보세요. 또한 그 남자의 친구에게 남자친구의 성향을 물어보세요. 그들은 당신을 환영하는 분위기 속에서 당신의 질문에 대해 성심성의껏 답변해줄 겁니다.

그 남자의 인간관계 성향도 알 수 있습니다. 좁고 깊게 사귀는 스타일인지, 넓고 얇게 사귀는 스타일인지 말이죠. 좁고 깊게 사귀는 성향이면 연애할 때 나에게 좀 더 집중할 수 있는 사람이라 여겨지고, 넓고 얇게 사귀는 성향이라면 내 입장에서 좀 더 신경 쓸 게 있을 수도(?) 있습니다.

내 남자의 친구를 만나면 좋은 점이 또 있습니다. 자기 친구들과 잘 지내는 모습이 사랑스럽고 뿌듯하게 느껴지게 됩니다. 친구는 제2의 가족이며 그 친구들과 잘 지낸다면 그 남자가 당신을 자기의 진짜 가족이 되는 상상을 할 수도 있습니다. 나중에 그 친구들의 여자친구들도 합류해서 더 풍성한 연애를 할 기회도 생깁니다.

지금의 제 남편과 연애 초반에 그의 고등학교 절친들을 만났습니다. 당시 내가 생각한 그 남자는 매너가 좋고 다정다감한 편이었습니다. 원래 이런 성향의 사람인지 아니면 연애 초반이라 그렇게 비쳐지는 건지 궁금해서 그의 친구들을 만났습니다. 진짜 그 남자에 대해 알고 싶었거든요.

친구들 속에 그는 조용하지만 위트 있고 사려 깊은 사람이었어요. 그 남자의 친구들 역시 매너가 좋았고 선한 인상의 소유자들이었습니다. 또한 각자의 분야에서 색깔이 진했고, 하고자 하는 목표가 명확한 친구들이었습니다. 농담을 해도 적당한 선을 지킬 줄 아는 사람들이었고 무엇보다 저를 환영해주는 것도 굉장히 기분 좋았습니다. 그의 친구들을 만나면서 그 남자가 더욱 괜찮은 사람이라 느껴져 좋아하는 감정이 더 커졌던 것 같아요.

이후에는 좀 더 깊은 사이가 되기 위해 그의 친구들과 더 친해지고 싶었습니다. 그래서 친구들에게 소개팅도 몇 번 주선했습니다. 소개팅으로 대화할 거리를 제공하며 친해지려고 노력한거죠. 마침 서로 잘 맞을 것 같은 친구들이 있어 무리 없이 소개팅을 진행할 수 있었습니다. 소개팅을 시켜주다 보면 내 남자의 친구 성향을 더 깊이 알 수 있거든요. 지금도 정기적으로 그들과 한 달에 한 번씩은 봅니다. 이제 그 모임에서 저는 없어서는 안 될 존재가 되었고, 내 남자와 아는 세월만큼이나 그 친구들과도 우정의 시간이 지속되고 있습니다.

가장 중요한 것은 내 남자의 친구들이 어떠한 성향인지, 그리고 친구들과 어떻게 노는지 아는 것이었어요. 제 남자가 친구들끼리 만나서 논다고 해도 별걱정 안 했던 것 또한 길게 연애할 수 있었던 방법 중 하나였습니다.

반대로 예전 남자친구 중에 그의 친구들과 안 좋았던 경험도 한번 이야기해볼게요. 이번 경우는 제가 원해서 그의 친구들을 만났던 건 아니었어요. 그가 워낙 친구들과 술자리를 좋아했기 때문에 저도 어쩌다 초대됐어요. 평소 그는 다정하고 연락도 잘 됐지만 친구들을 만나면 연락이 잘 안 되어 힘들던 참이었어요. 그래서 그의 친구들이 굉장히 궁금했습니다.

그 남자는 술을 한번 먹으면 끝을 봐야 하는 성향이었어요. 그의 친구들을 만나보니 왜 그런지 알겠더라고요. 모두가 술을 좋아했으며 인사불성이 될 때까지 먹는 거였습니다. 남자친구보다 더하더라고요. 술이 꽤 들어갔을 때, 제가 있는 자리에서 음담패설도 서슴없이 나왔습니다. 생각보다 불쾌한 자리였지만 남자친구의 친구들이라 내색은 하지 않았어요. 이런 친구들과 술을 고주망태가 되도록 끝까지 마시며 노니까 나와 연락이 안 될 수밖에 없겠다는 생각이 들었습니다. 앞으로의 연애 양상을 직접 겪어보지 않아도 알겠더군요.

하지만 저는 헤어지지 못했어요. 그런 남자였어도, 불안한 연애가 예측이 돼도 그 남자를 좋아했거든요. 결국 계속 싸우다 이별을 통보받았어요. 다 알고 있었고 더 빨리 헤어지지 못한 걸 후회했습니다. 더 좋아하기 전에 예측이 되는 불안한 연애를 제 손으로 끝냈어야 했어요. 아닌 건 아닌 거니까요.

그의 친구들을 만났을 때 내가 생각했던 것보다 더 좋은 사람이라면 그 남자에 대한 사랑이 더 커질 수 있습니다. 반대로 내가 생각했던 사람이 아니고 불편한 마음을 가지는 연애가 예측이 돼버린다면 지금 당장 그만두어야 할지도 몰라요. 굳이 불안한 예측이 되는 연애를 지속 가능할 필요가 있을까요?

어차피 연애 초반에는 그가 정확히 어떤 사람인지 당신은 잘 모릅니다. 나한테는 잘해준다니까요? 친구들 속에 있는 그가 별로인 것입니다. 진짜 자기 모습이 나오거든요.

연애 초반에 이 남자가 정말 어떤 사람인지 알고 싶다면 그 남자의 친구를 만나보는 거 어떨까요? 친구들 속에 '그 남자'가 있습니다.

다인's TMI

남편의 친구들은 이제 둘도 없는 저의 술친구가 되었습니다.

바빠서 연락을 못 한다?
바빠도 밥은 먹잖아

뭐 달리 할 말이 없다만,

거 좀 수시로 궁금해해주고 그러지 좀

— 〈멜로가 체질〉, 연출 이병헌·김혜영, 극본 이병헌·김영영, JTBC

한 드라마의 여주인공이 일하느라 바빠 연락이 없는 남자 친구를 야속해하며 휴대폰에 대고 내뱉은 대사입니다.

연인 관계에서 가장 많이 싸우는 건 뭐니 뭐니 해도 연락 문제입니다. 한 명은 연락을 안 해서 문제고, 한 명은 그 연락을 기다려서 싸움이 됩니다. 많이는 안 하더라도 해야 할 때 연락을 안 하면 문제가 커집니다. 오해가 생길 수 있어요. 물론 그 시간에 무얼 하는지 일일이 다 알아야 할 필요까지는 없습니다. 우리는 그저 연락을 통해 서로의 궁금한 안부를 물어보거나 일상을 공유하고, 각자의 일을 응원하기도 하면서 애정표현도 하는 겁니다. 그리고 내가 그 남자를 궁금해하는 것만큼 그 남자도 나에 대한 궁금함이 있어야 하지 않을까요? 지금 짝사랑하는 것도, 그 남자가 나를 만나주고 있는 것도 아니잖아요.

각자의 일로 만날 수 없어 데이트를 못 하는 상황에서도 우리는 연락이라는 끈으로 연결되어 연애를 하는 겁니다. 얼굴 보면서 밥 먹고, 이야기하고 영화보고 공연 보고 등등의 데이트만이 연애가 아니에요. 직접 만나서 스킨십만 한다고 연애가 아니죠. 안 만나고 있어도 이 남자와 연애하는 것을 느껴야 합니다. 만나지 못할 때 얼마나 보고 싶은지, 그 보고 싶은 마음을 연락을 통해서라도 해소하는 겁니다.

예전에 연락 문제로 헤어졌던 남자친구에게 헤어진 이후에 정말 궁금해서 물어본 적이 있습니다. 연애하면서 왜 연락을 자주하지 않았는지에 관해서요. 그는 자기가 해야 할 일이 있는데 연락하게 되면 흐름이 끊겨서 나중에 하려고 했다고 하더군요. 그리고 하려고 할 때 쯤 제가 이미 화가 나 있어서 싸울 수밖에 없었다고요. 당시 이 답변을 들었을 때 저는 코웃음을 쳤던 게 기억나네요. '웃기고 있네'

그는 아침에 출근했다고 메시지 한 통 오고, 퇴근하고 집에 도착하면 한 번 연락 왔습니다. 중간중간 연락 오는 것도 거의 없었어요. 점심을 먹는다고도 안 했으니까요. 분명히 점심 먹을 시간은 있었을 텐데 말이죠.

"연락을 대체 왜 안 하는 거야? 못 하는 거야?"

"바쁘다고 했잖아"

"바빠도 밥은 먹고, 화장실 가는 시간은 있는 거 아니야?"

"바쁘다고! 진짜 여유가 없어. 집착 좀 그만해!"

"……"

'이게 집착인가?' 당시 많이 혼란스러웠습니다. 기본적으로 출근은 잘 했는지, 점심은 잘 먹었는지, 걱정하던 일은 잘 해결됐는지, 저녁도 잘 챙겨 먹었는지, 저녁에 만난 친구들 모임은 즐거웠는지, 야근은 힘들지 않은지 모두 궁금하지 않은가요? 저는 다시 반대로 물었습니다.

"너는 내가 궁금하지도 않아? 궁금해하면 집착하는 거고, 궁금하지 않으면 집착하는 게 아니야?"

그 남자는 할 말을 잃은 표정이었습니다. 그렇게 우리는 헤어졌어요. 그때 알았어요. 연락은 바빠서, 시간이 없어서 안 하는 게 아니라 마음이 없어서 안 하는 거라고요. 만날 때만 데이트해서 좋으면 뭐해요? 막상 본인 일이 바쁘고 힘들면 나는 안중에도 없고 내가 생각이 나지 않는데 말이죠. 그만큼까지 나를 좋아하지도 않고, 생각나지도 않는 겁니다. 좀 더 극단적으로 말하면 내가 무슨 일을 당해도 그 남자는 이렇게 말할 수도 있는 거죠.

"바빠서 미안. 전혀 몰랐어."

이 남자 욕 좀 더 해볼게요. 결정적으로 그놈이 저에게 연락을 안 해서 화가 난 게 아니에요. 당시 SNS는 하면서 저한테는 연락을 안 했습니다. SNS의 ON 흔적과 내가 보낸 메시지의 시점이 비슷하다는 것을 발견해버렸어요. 정말 기가 찰 노릇이었습니다.

본인이 SNS 친구들의 일상은 궁금해하면서 정작 그의 연락을 기다리는 나에게는 연락을 하지 않는 겁니다. 그때 당장 헤어졌어야 했는데 그때는 잘 몰랐습니다. 다시 돌아간다면 바로 헤어졌을 거예요. 그런 남자는 당장 헤어져도 아쉬울 거 없잖아요? 나만 집착녀로 오해받아 손해였던 거죠.

내 마음을 세상 편하게 해주는 남자를 만나세요. 우리가 안 만나고 있어도, 곁에 있음을 알려주는 남자를 만나야 합니다. 연락을 안 할 거면 왜 사귀나요? 나의 일상을 궁금해하고, 내가 잘 있는지 궁금해하고, 나에게 끊임없이 관심을 주는 남자와 만나세요. 수시로 궁금해하는 것이 사랑의 표현이잖아요.

그 남자가 바빠서 연락을 못 했다고 말하나요? 바빠도 밥은 먹습니다. 바빠도 화장실은 갑니다. 바빠도 SNS는 한다니까요? 바빠서 나에게 연락할 시간이 없는 게 아니라 마음이 없는 겁니다. 나를 궁금해하지 않는 것은 나를 많이 좋아하지 않는 거예요. 어차피 이런 연애는 오래 못 가요. 그의 연락을 힘들게 기다리면서까지 연애하지 말아요. 바로 헤어지세요. 지나고 나서 돌이켜보면 분명히 후회 없는 선택일 겁니다.

다인's TMI

이 글을 쓰면서 절대로 흥분하지 않았습니다. 기억만 되살려서 리얼하게 썼을 뿐입니다. 하하하!

잠수 타줘서 고오맙습니다

연애하면서 잠수 타는 남자 만난 적 있나요? 아니면 당신이 잠수 타본 적은요? 제 경험으로 잠수 타는 남자를 두 유형으로 나눠봤습니다.

먼저 싸움 회피 잠수가 있습니다. 그 남자는 당신 때문에 기분이 안 좋아졌거나 자신이 잘못해서 당신이 화를 냈더니 잠수 타는 사람입니다. 대게 문제를 해결하려고 하지 않고 부딪치기 싫어하는 유형입니다. 그때 그 순간만 모면하려고 합니다. 어차피 모면해도 또 비슷한 상황은 오는데도 말이죠. 그 남자는 이렇게 말할 겁니다. 본인은 싸우기 싫고, 더 큰 싸움을 막기 위해서 본인이든 상대방이든 화가 풀릴 때까지 조용히 있는 거라고요. 그 남자는 이 상황을 해결하지 않은 채 당신을 내버려두고, 당신은 그런 그 남자를 기다릴 수밖에 없어 더 속이 탑니다. 오로지 본인만 생각하는 아주 이기적인 유형이에요.

두 번째는 그냥 일상 잠수입니다. 이 경우는 정말 노답이에요. 본인의 생활이 바쁘다고 잠수를 탑니다. 뭐 얼마나 바쁘면 잠수를 타는 걸까요? 왜 잠수를 타냐고, 꼭 그래야만 하냐고 따지고 들면 끝내 자기에게 집착하는 사람으로 취급하며 잠수 이별을 고하고 사라져 버립니다.

그 남자가 잠수 이별을 고할 때까지 만나지 마세요. 아무리 이유가 있다고 해도 잠수 타는 남자는 절대 아닙니다. 당신과의 관계를 쉽게 보고 있어요. 어차피 오래갈 수가 없습니다. 잠수 타는 순간에도 그 남자가 주도권을 들고 있으니까요. 한 번 잠수 타고 나서 진심으로 잠수 타지 말라고 말한 뒤 잠수를 또 타버리면 두말할 것 없이 헤어지세요.

그 남자를 좋아해서 헤어지지 못하겠다고요? 당신이 무엇 때문에 화났는지 '아웃오브 안중' 아닌가요? 당신이 무엇을 하는지 본인이 잠수 타느라 안부도 궁금해하지 않는 남자입니다. 당신을 좋아한다면 그렇게 행동할 수 없어요. 반대로 당신은 안 그럴 거잖아요. 나중에 잠수 이별을 직면할 자신이 있으면 계속 만나세요.

일상적으로 잠수 타는 남자는 주로 썸이나 연애 초반에 그 양상이 나타납니다. 호감으로 시작된 썸이나 연애이지만 그 남자가 갈수록 잠수를 탄다면 이 만남에 대해 진심으로 고민해 보세요. 당신과 감정적인 교류는 있었지만 오래가지는 못한 거예요. 잠수 타는 방법으로 당신과 멀어지려고 하는 겁니다. 당신에 대한 배려도 없고 비겁한 행동이에요.

그 남자는 당신을 좋아하지 않을뿐더러 기본적인 인간의 매너도 없는 남자인거죠. 잠수 타는 남자는 잠수로 시작해서 잠수로 끝납니다. 연애 초반에 잠수 타주는 유형은 정말 고맙다고 두 팔 들어 만세를 외쳐야 해요. 왜냐고요? 본인 스스로 연애 현실 도피형 쓰레기라고 알려주고 있으니까요. 당신은 이번 기회에 뻥 차버리면 그만입니다.

잠수 타는 그 남자를 기다리기만 하는 당신의 마음은 어떤가요? 하루 종일 일도 손에 잡히지 않고 핸드폰만 보고 있지 않았던가요? 그 남자는 내 걱정 따위는 신경 안 쓰고 잘 지내고 있는데도 말이죠. 당신은 온종일 생각합니다. '왜 잠수를 탈까?'부터 시작해서 '내가 그 남자가 싫어하는 행동을 한

게 아닐까', '내가 했던 말 중에 뭐 실수한 것은 없나'라며 끝끝내 남자가 잠수 타는 이유를 본인에게 화살을 돌립니다.

하루 종일 잠수 탄 그 남자에게 연락이 왔을 때 당신은 안도하게 돼요. 계속 자신에게 화살을 돌리고 있었는데 연락이 온 거니까요. 그리고 본능적으로 헤어질 수도 있겠다고 느꼈을 텐데 이별 통보를 받지 않은 것만으로도 다행이라고 생각할 거예요. 하지만 그 남자는 다시 잠수를 탈 것이며 점점 나에게로 멀어진 뒤 사라지는 것을 보실 겁니다.

저는 싸움 회피 잠수, 그냥 일상 잠수 모두 당해본 사람입니다. 만난 지 두 달 정도 된 남자친구가 있었어요. 당시 서운한 감정이 있어 그 남자에게 토로했습니다. 그 뒤로 잠수를 타는 겁니다. 몇 번을 싸우고 잠수를 타더니 마지막 연락이 왔습니다. 곰곰이 생각해봤는데 나와 성격이 맞지 않다는 이유로 메시지 하나 날리고 이별 통보를 받았어요. 그 당시 '내가 왜 그 남자에게 서운하다고 말했을까? 말하지만 않았더라도 우리가 이렇게 헤어지지 않았을 텐데'라면서 자책을 했습니다.

하지만 잘못된 거죠. 그 남자가 나를 진심으로 좋아했다면 내 서운함에 대해 고민해보지 않았을까요? 서운하다고 한

마디 했다고 튕겨져 버린 그 남자는 저를 좋아하지 않았던 겁니다. 이미 그 남자가 서운하게 했을 때 알아봤어야 했는데 말입니다.

또 다른 한 번은 제가 취준생일 때 직장인 남자를 만난 적이 있습니다. 당시 저는 취업 준비, 그 남자는 일 때문에 엄청 바빴고 둘 다 바쁘니까 주말에만 데이트를 했어요. 썸 탔을 때 안 타던 잠수를 연애 시작하니까 타고 있더라고요. 그는 24시간 넘게 잠수를 탄 적도 있었어요. 전화 한 통 심지어 메시지 한 통도 없이요. 싸운 적도 없었고 제가 서운하다고 말한 적도 없었어요. 근데 갈수록 해도 해도 너무하더라고요. 24시간 잠수 타고 와서 했던 말이 뭔지 알아요?

'미안해. 나 일이 너무 바빴어.'

이 메시지를 받았을 때 분노의 마음 반, 안도의 마음 반이었습니다. 잠수 타는 것에 화는 났지만 연락이 와서 안도했다고나 할까요? 이것은 이별에 관한 전조 증상이었습니다. 이후 한 번 만나고 그다음 또 잠수를 타더라고요. 그 이후 장문의 메시지 한 통 오더니 영영 이별하게 되었네요. 저는 만나서 얘기하자며 매달렸지만 돌아오는 메시지는 없었습니다.

돌이켜보면 이 남자들 다 걸러낼 수 있었습니다. 헤어짐에 대해 어느 정도 예상하고 있었어요. 저도 알고 있었습니다. 그래도 갈 때까지 끝까지 가보자는 마음을 가지고 결국 이별을 다 겪었지만 이후 큰 상처에 낮아진 자존감은 견디기 힘들었습니다.

하나 깨달은 점은 잠수 타는 남자들은 절대 돌아오지 않는다는 거예요. 잠수를 탄다는 건 당신을 많이 좋아하지 않을뿐더러 우리의 만남을 가볍게 생각하는 겁니다. 잠수, 절대 기다리지 말아요. 천재지변만 봐줄게요. 그만큼 잠수는 어떠한 이유가 있더라도 허용될 수 없습니다. 잠수 타는 남자는 영원히 물속에 잠긴 것이라 생각하고 헤어져야 합니다. 지금 잠수 타는 남자를 만나고 있거나 앞으로 만나게 된다면 잠수함에 잘 타줘서 고맙다고 먼저 이별 인사를 건네는 거 어떨까요?

"잠수 타줘서 고오맙습니다~"

(너가 쓰레기인 거 알려줘서 고마워!)

다인's TMI

잠수 타는 것과 연락을 자주 안 하는 것의 차이를 생각해봤어요. 짐수는 이별의 전조 증상이고 연락을 자주 안 하는 것은 당신이 궁금하지는 않은데 그래도 만나서 스킨십은 하고 싶다는 결론이 나왔습니다. 어쨌든 둘 다 걸러내야 합니다.

남녀 사이에 친구는 무슨?

내 남자친구의 여사친, 어떻게 생각하세요? 연애하다 한 번쯤은 내 남자의 여사친 문제로 갈등을 겪어본 적 다들 있으실 거예요. 저도 많이 겪어봤습니다. 처음엔 내 남자에 대한 단순한 질투라고 생각했어요. 하지만 점점 신경을 많이 쓰게 되더라고요. 우리 문제로만 다투는 것도 벅찼는데 제3자가 끼어있는 기분이 들어 몹시 불쾌했습니다.

남녀 사이에 과연 친구가 있을까요? 저는 그냥 친구는 있다 해도 진정한 친구는 없다고 생각합니다. 그래서 위험하다고 말할 수 있습니다. 언제나 연인 관계로 발전 가능성이 있으니까요. 따라서 우리는 여사친을 경계해야 합니다.

그리고 내 남자가 여사친을 경계하도록 만들어야 합니다. 안 그러면 내 연애가 피곤해지고, 우리의 연애에 집중할 수 없어요. 뭐 그런 친구 하나 때문에 집중할 수 없으면 진짜 사랑이 아니지 않냐고 당신은 반문할 수 있습니다. 하지만 기억하세요. 우리는 지금 연애 초반이에요. 연애 초반에 내 남자가 될 수 있는지 알아가는 단계입니다. 내 남자가 될 수 있는지에 대해 알아보는 단계에서 여사친이 방해가 된다면 조금씩 제거를 해야 하는 거 동의하시죠?

저도 남사친들이 많았습니다. 대학 입학 전공이 공과였거든요. 당연히 여학생들보다는 남학생들이 많아서 다른 과보다는 남사친을 접할 기회가 많았습니다. 제가 여사친에 대해 부정적으로 생각한다는 것을 돌이켜보면 그때 당시 제가 조금만 마음을 열면 연인 관계로 발전할 수 있는 친구들이 몇몇 있었기 때문입니다(너무 자신감이 넘친가요? 하하 생각은 자유니까요!). 그러한 생각들이 바탕으로 깔려있어 더더욱 내 남자의 여사친을 믿을 수 없게 되었죠.

전 남자친구의 여사친 한 명에 대해 이야기하려고 합니다. 연애한 지 한 달도 안 되었을 때 그 남자는 핸드폰을 새로 바꿨어요. 바꾼 핸드폰을 구경하고 있는데 문득 사진첩이 눈에 들어오더라고요. 평소 셀카도 잘 안 찍는다는 그 남자의 앨범이 궁금했습니다. 그런데 비슷한 또래의 셀카를 찍은 여자사진이 있더라고요? 남자친구는 자기 핸드폰으로 여사친이 셀카를 찍은 거라고 말했습니다. 저는 이 핸드폰은 나랑 사귀고 나서 바꾼 건데 언제 이 친구를 만난 거냐고 물었죠. 알고 보니 며칠 전에 친구 만난다고 하더니 그 친구가 이성친구였던 거예요. 제가 따로 성별은 안 물어봐서 굳이 이야기를 안 했다고 하더라고요. 혹시나 제가 기분 상해할까 봐서요. 기분 상할 걸 알면서도 말 안 하고 만난 게 조금은 괘씸했지만 우선은 넘어갔습니다. 고등학교 친구였고 그들의 오랜 우정에 찬물을 끼얹고 싶지는 않았어요.

그러던 어느 날 우리는 데이트를 잘 끝내고 그 남자가 저를 집에 데려다주려고 하는 순간에 그 남자의 핸드폰이 울렸습니다. 언뜻 이름을 보니 그 셀카의 여사친한테서 전화가 온 거예요. 그때 시각이 밤 11시 정도였어요. 일단 그 남자는 제가 옆에 있으니까 전화를 받지 않았어요. 몇 분 뒤 메시지가 와서 같이 보게 되었습니다. 본인이 연말 기념으로 제 남자친구한테 편지를 썼는데 그 편지 잘 받았는지, 읽어봤는지 확인하는 내용이었어요. 애교 섞인 말투에 걸맞는 이모티콘도 함께요.

'그 시각에 전화하는 것까지 모자라서 나도 모르는 내 남자친구 집 주소로 편지까지 썼다고?'

저는 순간 남자친구의 핸드폰에 있는 그 여사친 얼굴이 떠올랐고 화가 치밀었습니다.

'이 X 뭐지?'

물론 친한 친구끼리 충분히 편지를 주고받을 수 있어요. 스마트폰이 즐비한 4차 산업혁명 시대에 말이죠. 그래도 편지까지는 제 넓은 아량으로 넘어갈 수 있어요. 그런데 여자친구 있는 남사친한테 밤 11시에 전화를 해대고 꼭 그 시간에 확인을 했어야 했나라는 생각이 들었습니다. 그리고 나서 보낸 메시지에 온통 귀여운 이모티콘과 애교 섞인 말투로 편지 확인했냐고 묻는 태도, 얼마 전 핸드폰에 본인 셀카 사진을 남겨놓는 행위 등 어떻게 보면 별일도 아닌 것 같은데(?) 제 기분이 확 상해버렸습니다.

저는 신경이 더 쓰이기 전에 지금 연애 초반이니까 그 남자에게 할 말은 해야겠다고 생각했어요. 입장을 바꿔서 생각했을 때 내 남사친이 나한테 지금 전화해서 편지를 썼으니 그걸 확인해달라는 내용이면 기분이 어떻겠냐고 물었습니다. 디지털 시대에 굳이 한 땀 한 땀 펜으로 적은 편지를 강조하면서 말예요. 편지에 단순히 글씨가 적힌 게 아니라 마음이 적힌 것 같다는 느낌도 주면서요. 남자친구도 제가 기분 나쁜 것에 대해 동의를 했어요. 저는 이때다 싶어 동의를 했으면 그 친구에게 다시 전화해서 앞으로 이런 편지는 안 써줬으면 좋겠다고, 내 여자친구가 싫어한다고 말해달라고 했습니다.

솔직히 그런 요구까지 해달라고 하는 건 과합니다. 과한 거 알면서도 그 여자애의 반응이 궁금했어요. 만일 남자친구가 이렇게 말했을 때 다시는 연락이 오지 않는다면 기분 상해서 안 했을 수도 있지만 어느 정도 남자친구를 좋아했다는 간접적인 증거가 될 수 있다고 생각했어요.

그 남자는 저의 요구를 들어줬으며 그 이후 그 여자한테는 단 한 번도 연락이 안 왔습니다. 저는 제가 한 행동에 대해 전혀 후회하지 않아요. 그 여사친이 어떤 의도로 했든 저는 상관없었어요. 그 상황을 그냥 넘어갔으면 앞으로 계속 그 여자를 신경 써야만 했고 우리의 연애는 많이 불안했을 테니까요.

현재 거슬리는 남자친구의 여사친이 있다면 가장 중요한 것은 남자친구의 마인드입니다. 여사친을 떼어낼 수 있는 것은 당신도 아니고, 그 여사친도 아닙니다. 당신의 남자입니다. 여사친이 설사 그를 좋아한다고 한들 우선은 남자친구의 태도가 중요합니다. 어영부영 "우리 그런 사이 절대 아니야. 그런 애 아니야"라며 넘어가려고 한다면 정말 진지하게 이야기해야 합니다. 우리 연애에 그 여사친이 신경 쓰이고 기분이 안 좋다고 얘기하세요. 너를 사랑하고 너를 믿는 것과 별개라고요. 그 친구와 내 남자친구가 일대일로 있는 모습이 누가 봤을 때도 여느 커플로 보이는 게 싫다고까지요.

마지막으로 입장 바꿔보라고 하세요. 내 남사친과도 너와 네 여사친이 연락하고 만나는 것처럼 나도 같은 비중으로 연락하고 만나도 되냐고 묻습니다. 거기서 YES라고 한다면 저라면 신경 쓰여서 안 만났을 거예요. 한번 신경 쓰이면 계속 신경 쓰이게 마련이에요.

남녀 사이에 친구? 있을 수 있습니다. 하지만 친구라는 가면으로 한 명은 분명 다른 호감이 있을 것입니다. 호시탐탐 때를 기다리고 있을지도 몰라요. 친구를 부정할 수는 없어요. 그러나 연애 중일 때는 경계를 하는 게 맞습니다. 내 연인을 이성 친구 문제로 신경 쓰이게 해선 안 됩니다. 굳이 사랑하는 사람에게 오해할 거리를, 싸움할 거리를 제공할 필요는 없잖아요? 연인의 마음을 불편하게 만들면서까지요? 진짜 친구라면 남사친이 연애하는 걸 이해해주고 응원해야 하지 않을까 싶어요. 떠나는 친구가 있다면 그건 정말 마음이 있었다고 생각합니다.

남녀 사이는 모른다는 말은 그냥 있는 말이 아닙니다. 절대라는 것은 없어요. 연애 중일 때는 내 연인이 더 소중해야 합니다. 본인의 여사친보다 나를 더 소중하게 여기는 사람을 당연히 만나세요.

다인's TMI

저는 제 남자의 여사친은 용납 안 하는 사람이기에 여사친에 대해 부정적으로 쓴 점 감안해주시길 바랍니다. 한 가지 더, 당신도 누군가의 여사친입니다.

3

연애 중_

우리, 맞춰갈 수 있을까?

사랑한다는 말도 연습이 필요해

남 : 넌 그걸 말로 꼭 해야 하냐.

여 : 제발 말로 좀 해.

남 : 말로 하면 더 좋아?

여 : 응. 그럼 마음이 더 커지잖아.

남 : 난 말을 안 할 때가 더 좋아. 좋아한다는 말은 할 때보다 참고 있을 때가 더 좋은 것 같아.

여 : 왜 좋은데 그게?

남 : 말을 안 하고 있으면 이 안에서(가슴 속에서) 그 마음이 더 커지는 것 같아.

여 : 솔직하지 못한 거야. 핑계는!

어느 로맨스 드라마에서 나온 남녀 주인공의 대사입니다. 정말 저는 그 드라마를 보면서 남자 주인공이 참 이기적이라고 생각했어요. 그런데 옆에 있던 제 남편, 그 남주에게 격하게 공감하더라고요. 그것 때문에 굉장히 열띤 토론을 했던 기억이 납니다. 주위에 은근 이런 사람들이 많더라고요.

나만 아는 그 마음은 말하지 않는 이상 누구도 알 수 없습니다. 혼자만 하는 사랑은 짝사랑이라는 명확한 단어가 있어요. 사랑은 둘이 하는 거고, 함께 표현해야 서로의 마음을 알게 됩니다. 우리는 독심술사가 아닙니다. 저는 오히려 사랑 표현에 용기가 없는 거라고 생각이 드네요.

지금 사귀는 남자친구가 너무 좋은데 표현을 망설이고 있나요? 나만 너무 좋아하는 것 같아서요? 그래서 좋아한다는 표현을 못 하고 있나요? 주저하지 말고 사랑을 표현하세요. 사랑 표현 많이 한다고 더 많이 사랑하는 것도 아닙니다. 그리고 더 많이 사랑하면 어때요? 내 사랑이고 내 마음이잖아요.

나중에 해야지 하지만, 나중은 없습니다. 지금 느끼는 그 감정을 당장 당신의 남자에게 알려줘야 합니다. 새들도 노래로 사랑을 표현하고, 매미도 울면서 자기 짝을 찾습니다. 물에게도 사랑한다는 말을 하면 입자가 정형으로 달라진다고 하는데 사람은 오죽할까요?

표현은 하면 할수록 마음이 풍성해지고 사랑이 더 깊어집니다. 진짜 사랑한다면 사랑한다고 말을 하세요. 본인 성격이 표현 못 하는 성격이라고 해서 하지 않으면 안 됩니다. 핑계에요. 반대로 사랑 표현을 받고만 싶은 건가요? 내 입장만 생각하지 말아요. 내가 받고 싶은 만큼 그 사람도 내 사랑을 받고 싶어 할 겁니다. 그래서 그 남자는 더욱 당신에게 표현을 하고 있는 거라고요. 그가 나에게 표현해주는 그 마음을 너무 당연하게 생각하지 말아요.

제 남편은 정말 표현 못 하는 남자 중의 남자였습니다. 저는 계속 사랑한다고 표현을 하는데 이 남자는 연애 기간이 몇 개월이 지났는데도 사랑한다는 표현을 일절 안 하는 거예요. 그걸로 우리는 꽤나 많은 다툼을 했어요. 저는 계속 그에게 그의 마음을 모르겠다고 이야기했습니다.

"사랑하면 사랑한다고 말을 해야 알지!"
"말 안 해도 내 마음 알지 않아?!"
"……."

그때 뒤통수를 한 대 맞은 느낌이었어요. 저는 반박했습니다.

“지금 너 내가 주는 사랑 받는 거 아니야? 내가 사랑한다고 계속 얘기를 하니까, 너는 내 마음을 알지. 나는 뭐야? 나는 몰라. 네 마음을 얘기 안 해주니까. 나는 나 혼자 짝사랑하는 것 같다고!”

그제야 그 남자도 제 마음을 알게 되었고 미안해하며 사랑한다는 표현을 연습하기 시작했습니다. 우선은 제가 사랑한다고 하면 그걸 따라 하는 방식이었어요. 이후에는 본인이 먼저 사랑한다고 하더라고요. 생각보다 표현을 익히는 데 오랜 시간이 걸리지 않았습니다. 결과는 대성공이었죠.

사랑한다는 말도 연습이 필요합니다. 사랑하는 마음을 표현하는 데에는 절대 충분함이란 없어요. 표현하고 표현하세요. 아직 익숙지가 않을 뿐, 사랑하는 사람을 위해 그것만큼은 노력하세요. 처음부터 잘하는 사람은 없지만 노력하면 분명히 바뀝니다.

본인 성격이 사랑한다는 표현을 잘 못하는 성격이라면 오늘부터라도 연습해보는 게 어때요? 아니면 지금 남자친구가 표현을 잘 못하는 사람이라면 내 사랑 표현으로 사랑을 줌으로써 사랑 표현의 참맛을 얼른 알려줘야 합니다. 진짜 사랑은 그 사람에게 표현하면서 시작하는 거니까요. 사랑이 오래 지속되는 방법 중 하나입니다.

그 남자가 나를 사랑하고 있다는 걸 느낄 때, 나도 그 남자에게 사랑한다는 확신을 줄 때, 우리는 그 사랑이 더욱 깊어지고 커짐을 느끼게 됩니다.

밀당은 하지 않는다

'밀당'이라는 단어를 검색해본 적이 있나요? 포털 사이트 검색창에 밀당이라고만 쳐도 나타나는 자동완성어가 재밌습니다. 한번 보실래요?

'남자 밀당하는 법'

단어의 뜻을 알려고 검색해봤는데 저도 모르게 남자 밀당하는 법을 클릭하고 있더라고요. 검색해보니 '남자 밀당하는 확실한 방법', '남자 밀당 주의점', '남자 밀당하는 법 총정리' 등 블로그 리뷰와 자료가 쏟아져 나옵니다. 이처럼 우리가 썸을 탈 때나 연애를 할 때, 그 남자에게 밀당을 잘 하고 싶어 한다는 심리적 반증으로 보이네요.

검색창에 방법을 입력할 정도로 우리는 남자에게 왜 밀당을 하려고 할까요? 대개 관심 있는 그 남자에게 마음을 떠보며 그 마음이 궁금해서 밀당을 합니다. 좋아하는 남자한테 내 마음을 다 보여주기는 부끄러운 거죠. 한번 툭 찔러보고 그 남자 마음이 나와 같지 않을 때 언제 그랬냐는 듯이 치고 빠져야 하니까요. 내 마음이 덜 민망하기 위해 사용하는 심리적 도구입니다. 그 남자에게 관심을 표현할 때는 당기고, 나에게 관심 없어 보일 때는 미는 전략이에요.

또는 호감이 남녀 둘 다 있는 상태라면 초반에 관계의 우위를 차지하려고 밀당을 합니다. 그 남자가 나를 더 좋아해서 만나는 것처럼 느끼려고요. 연애 중일 때도 비슷해요. 연애에 있어서 밀당을 주도하는 사람이라면 두 사람의 관계에서 내가 갑의 위치라는 것과 호락호락하지 않고 쉬운 여자가 아니라는 것을 알려주려고 밀당을 합니다. 밀당으로 연애의 긴장감을 높이게 됩니다.

솔직히 밀당이 효과가 있을까요? 그 남자의 관심을 끌기 위해 밀당으로 처음에 호감은 얻을 수 있습니다. 하지만 근본적으로 그 남자가 처음부터 그냥 '나'를 좋아하는 것과 내가 밀당으로 그 남자를 꼬셔서 얻은 호감과는 차이가 있다고 생각해요. 어쨌든 온전한 나로 어필하는 게 아니라 벽을 하나 사이에 두고 심리적으로 그 남자를 밀고 당기는 겁니다. 나를 가식적으로 보여주는 가벽인거죠. 게다가 밀당 자체가 내가 사랑에 상처받지 않기 위한 보호 장치이기도 합니다. 벽을 사이에 두고 보호 장치까지 있어요. 좋아한다면서 뭐 이리 나를 위한 장애물이 많은 걸까요? 그 남자를 향한 진짜 내 마음을 보여주기 위해서는 밀당이라는 가벽과 보호장치를 모두 없애야 합니다.

밀당은 그 남자의 마음을 움직이게 하는 자극으로도 볼 수 있어요. 관계 초반에는 효과가 있더라도 익숙한 자극에 무뎌져 앞으로 더 큰 자극이 필요하게 됩니다. 이로써 밀당으로 서로가 쉽게 지쳐 금방 지루해질 수 있습니다. 그리고 밀당은 오히려 역효과를 불러일으킬 수 있어요. 좋아하는 사람에게 상처를 줄 수도 있습니다. 그 남자는 나를 진심으로 좋아하는데 내가 자꾸 떠보면서 마음을 확인하는 거예요. 그 남자는 '나를 못 믿는 건가', '나를 시험하는 건가'라고 생각할 수 있어요. 상대방을 배려하지 않는 행동입니다.

또한 나는 그 남자에게 호감이 있어 밀당을 했는데 상대방이 못 알아듣고 튕겨져 나가는 경우도 더러 있습니다. 생각보다 밀당을 잘 모르고 표현을 있는 그대로 받아들이는 사람들이 많아요. 오히려 이런 사람들이 더 사랑에 있어 머리를 쓰지 않고 가슴으로만 하는 진실된 사람입니다.

저는 밀당하는 시간이 아깝다고 생각해요. 나를 보여주는 시간도, 내 마음을 보여줄 시간도, 그 남자를 알아볼 시간도 많이 부족하거든요. 언제 밀당하고 언제 알아보고 언제 사귈 건가요? 밀당할 시간에 좀 더 빠르게 그 남자에 대해 겪어보는 게 효율적이지 않을까요? 젊은 날 사랑하기도 아까운 시간이에요. 굳이 머리 써가며 감정 소모에 에너지를 많이 써야 할까요?

저도 20대 초반에 밀당을 한 적이 있습니다. 좋아하는 그 남자의 마음을 얻기 위해서요. 밀당을 경험하다 보니 두 가지 유형으로 나눠지더군요.

첫 번째는 나를 좋아하는 남자에게 하는 밀당 전략이었어요. 나를 좋아하는 남자에게 쉬운 여자로 보이지 않기 위해서 밀당을 시도했습니다. 밀면 그 친구는 조바심을 내며 어찌할 바를 몰랐고, 당기면 기뻐서 그때도 어찌할 바를 모르더라고요. 그 친구를 만났을 때 저는 굉장히 어렵고 도도한 여성이었습니다. 밀당의 전략이 먹혔던 거였죠.

두 번째는 내가 좋아하는 남자에게 시도하는 밀당의 전략입니다. 좋아하는 남자가 나를 좋아하길 바라서 밀당할 때는 굉장히 머리를 많이 썼습니다. 감정소모도 심했고요. 내가 밀당을 하긴 했는데 오히려 밀당을 당한 느낌이었어요. 나중에는 제가 펼친 밀당 전략에 주객이 전도되어 그 친구에게 끌려다녀 힘들었던 경험이 있습니다. 물론 매력적으로 보이지도 않았던 것 같아요. 오래가지 못했습니다.

이처럼 나에게 호감 있는 사람은 내가 어떤 밀당을 해도 통했는데, 나에게 아주 큰 호감이 없는 상태의 밀당은 성과가 없었습니다. 밀당을 시도했을 때 진실성이 없어 보이고 심심풀이 땅콩처럼 상대와 논다는 느낌이 많이 들었어요. 가볍게 밀고 당기는 것처럼 보이지만 실상은 그 남자 한마디, 한마디에 온 신경을 곤두세워 감정 스트레스도 많이 받았습니다. 다시 생각해보면 그 남자가 내 진심과 밀당을 오해했던 것 같아요. 좋아하는 남자에게는 밀당보다는 솔직하고 진정성 있게 다가가는 게 저를 더 매력적으로 만든다는 것을 이때 깨달았습니다.

홍콩중문대학교 셴츠 다이(Xianchi Dai) 교수 연구진은 소개팅과 관련된 실험을 통해 상대방이 이미 내게 호감이 있는 상황, 내게 조금씩 대쉬를 하고 있는 상황이라면 밀당의 효과를 볼 수 있다는 결과를 냈습니다. 저도 경험한 것처럼 기본적으로 밀당 전략이 효과가 있을 때는 상대가 나에게 강력한 호감이 선행되었을 때였어요.

밀당 전략이 아닌 솔직하게 내 마음을 보여주세요. 상대가 나에게 마음이 없는데 내가 그의 마음을 밀고 당기는 것은 벽을 혼자 밀고 당기는 기분일 거예요. 그만큼 헛짓거리라고 말하고 싶습니다.

우스운 표현일지도 모르겠지만 밀당이란 단어에서 '밀' 대신 '당'을 붙여 '당당'하게 힘껏 표현하며 그 남자를 당기기만 하면 어떨까요? 100번의 밀고 당기기보다 한 번의 진정성 있는 당김이 그 남자에게 먹히는 강력한 무기가 될 겁니다.

싸울 땐 끝까지 싸워야 해결된다

아무리 사랑하더라도 우리는 사랑하는 그 남자와 싸움을 합니다. 서로 사랑하는데 우리는 대체 왜 싸우는 걸까요?

저는 지금의 남편과 연애 초반에 말 그대로 피 터지게 싸웠습니다. 일주일 내내 싸운 적도 있어요. 저도 누군가의 말을 잘 듣지 않는 고집불통이지만, 그 남자도 한 고집하더라고요. 우리는 자기 말이 맞다며 고집을 부렸습니다. 서로의 말을 듣지도 않았어요. 한참을 싸우다 그는 지친 목소리로 말하더군요.

"자기야, 제발 자기가 나라고 생각해봐!"

그 순간 저는 머리에 벼락을 맞은 느낌이었습니다. 아니 벼락을 맞았어요. 제가 그 남자라고 생각했을 때 충분히 화낼 만한 입장이었고 그러자 잘못한 상황을 인지하고 받아들이게 되었습니다. 게다가 사랑하는 그 남자가 화내는 이유가 제가 본인을 이해 못 해서라고 생각하니까 마음이 아팠습니다.

사람은 누구나 자기 입장부터 생각합니다. 그게 나쁘다는 건 아니에요. 하지만 내가 사랑하는 사람이 나 때문에 화를 내고 있다면 한 번쯤은 그 남자의 입장에서 생각해 보는 게 좋지 않을까요? 자꾸 내 말이 맞다고만 고집부리는 것은 상대가 내 마음만 알아주길 바라서일지도 몰라요. 내가 상대의 마음을 알려고 노력도 안 하면서요. 평소에 내가 남자친구한테 고집을 많이 부리는 사람인지 한번 생각해보세요. 남자친구의 마음이 얼마나 답답할 지도요. 싸우는 이유는 다양하지만 결국은 내 입장만 생각해서입니다.

반대로 싸울 일이 있어도 싸우지 않는 커플들도 많습니다. 사랑하는 사람과 싸우고 싶지 않다면서요. 하지만 저는 싸울 일이 있으면 반드시 싸우라고 합니다. 그냥 넘어가면 또 같은 문제가 언젠가는 발생합니다. 지금 한쪽의 입장만 강요하고, 강요받고 있는 상황일지도 몰라요. 싸워야 본질적으로 그 남자가 무엇을 문제 삼는 건지 알 수 있습니다. 싸우지 않는 것은 그 문제를 피하는 것이며, 우리의 관계가 머지않았음을 받아들이는 꼴이 돼버려요. 앞으로 이 남자와 오래오래 연애하고 싶다면 어떻게든 부딪쳐야 합니다. 피하지 마세요.

저는 연애할 때 서운한 일이 정말 많았습니다. 상대방을 사랑하다 보니 조금이라도 소원해지면 이것저것 다 서운하게 느껴지더라고요. 그런 감정이 들 때마다 저는 말해야 하는 사람이었습니다. 서운한 감정을 꾹꾹 참아봤자 나중에 더 크게 폭발했어요. 감정에 솔직한 편이라 참는다 해도 소용이 없었습니다. 상대방은 사소한 일로 문제 삼는 제게 질렸는지 결국엔 떠나갔습니다. 저와 생각이 안 맞는다면서요. 하지만 저는 포기하지 않았습니다. 제 서운한 감정을 같이 공감해 주고 이해해 주는 사람이 언젠가는 나타나기를요.

지금의 제 남편 역시 저와 생각이 안 맞는다고 했던 여러 사람 중에 하나였어요. 하지만 저는 이 친구와 싸우며 깨달은 게 있습니다. 피하지 않고 싸움도 끝까지 싸우면 해결이 된다는 것을요. 싸움을 끝까지 한다는 말이 서로의 밑바닥을 보면서 싸우라는 게 아닙니다. 끝까지 물고 늘어지며 싸우라는 것도 아니에요. 누군가 이길 때까지 싸우는 것은 더더욱 아닙니다. 서로의 입장을 이해하고 받아들이는 순간까지 싸우는 겁니다.

서로의 입장을 이해하는 가장 효과적인 방법은 그 사람이 되는 겁니다. 그 남자의 머릿속과 마음속에 들어가는 상상을 해보세요. 정말 그 남자의 입장이 돼버리면 불같았던 우리의 싸움이 언제 그랬냐는 듯이 한층 누그러질 거예요. 그 남자에게 미안한 마음이 들게 되거든요. 그런데 가끔 그 남자 입장이 돼 봐도 화가 안 풀릴 때가 있어요. 이럴 때 제가 남자친구한테 했던 말이 있습니다.

"자기야, 우리 100명에게 물어보자."

이 말은 싸움을 잠시 중단하고 좀 멀리 떨어진 곳에서 우리를 바라본다는 것을 의미합니다. 제3자의 시선에서 객관적으로 보는 것과 비슷해요. 이쯤 되면 잘잘못을 따지는 게 아니라 객관적인 시각으로 누가 더 감정이 다쳤을까를 보는 거죠. 결국은 사랑싸움인 거잖아요. 누군가 마음이 다쳤으니까 싸우는 거죠.

싸우다 보면 더 서운해서 감정 호소가 과해 싸움의 방향이 오히려 다른 곳으로 흐를 때가 있어요. 어쩌면 맨 처음에 싸웠던 이유는 잊히고 새로운 이유로 싸움이 더 격해질 수도 있습니다. 걷잡을 수 없는 상황까지 갔다면 지금 본질적인 것을 놓치고 있지 않은지 다시 생각해봐야 합니다. 우리가 무엇 때문에 이렇게까지 됐는지요.

2 ROUND까지 가면 안 돼요. 싸움이 아주 길어지면 본질적인 문제가 해소될 수 없습니다. 이럴 때 잠시 '나'를 내려두고 좀 먼 곳에서 싸우고 있는 '우리'를 바라본다는 상상을 해보세요. 그러면 좀 더 상대에게 감정적인 호소를 그만두게 되고 논리적인 설득이 나오게 됩니다.

폭풍우 같던 싸움이 드디어 끝났습니다. 싸움이 종료되면 내 감정 호소를 맞받아친 남자친구에게 고맙고 미안한 마음이 들게 될 거예요. 끝까지 잘 싸워준 남자친구에게 먼저 사과하며 마음을 풀어주는 게 어떨까요? 이후 뒤끝은 없어야 해요. 치사하게 또 말하기 없습니다. 같은 문제로 또 싸우고 싶지 않잖아요? 그 남자도 그럴 겁니다.

행복하고 좋을 때만 연애가 아닙니다. 그 사람 마음이 내 마음 같지 않기에 우리는 앞으로 계속 싸우게 될 거예요. '이렇게까지 싸울 수 있다고?' 하는 순간들도 더러 있을 겁니다. 하지만 계속 싸워야 합니다. 지금 만나는 사람과 미래를 생각한다면 슬기롭게 다툼을 극복하는 방법을 미리 접한다고 생각하세요. 그 남자와의 깊은 사랑을 오래 할 수 있는 방법 중에 하나입니다.

다인's TMI

싸움의 빈도는 많이 줄었지만 우리는 여전히 싸우고 있습니다.

당연하다고? 당연한 것은 없다 I

서로에게 편해진 연애를 하고 있을 때쯤 남자친구가 집에 데려다주고 한 번은 이렇게 이야기를 했습니다.

"자기야, 나 이렇게 매번 데려다주는 거 당연한 거 아니야."

그 말을 듣고 저는 좀 당황했습니다. 당연하다고 생각한 적은 없었는데 어느새 당연해졌더라고요. 그런데 그 남자의 말처럼 당연한 게 아니었습니다. 무심코 당연시 여겼던 어떤 저의 말과 행동이 그 사람의 마음을 서운하게 만들었나 봐요. 그런 이야기를 하는 거 보니까요.

그는 저의 집에서 버스로 1시간가량 떨어진 곳에 살았습니다. 그가 데이트 끝나고 집 앞까지 데려다주는 게 연애 초반에는 굉장히 미안하고 고마웠어요. 조금이라도 더 나와 같이 있으려고, 밤이 늦어 안전하게 집까지 데려다주는 마음이 사랑스러웠습니다. 그러나 시간이 흐를수록 고마움과 미안함이 사라지고 안전하게 집 앞까지 데려다주는 게 당연해져 버렸네요.

연애 기간이 어느 정도 길어지면 초반에 설레게 했던 모든 행동이 지금까지 이어지면서 많이 편해지고 당연하다고 여기게 됩니다. 예전에는 그 마음이 예쁘고 고마웠는데 이제는 고맙다는 말도 잘 안 하게 됐어요. 그가 나에게 준 사랑이 당연해진 거죠.

당신은 이렇게 물어볼 수도 있습니다.

"그가 나에게 하는 배려 당연한 거 아닌가요? 사랑해서 당연히 그렇게 행동한 거잖아요."

사랑해서요? 맞습니다. 사랑해서 배려한 거죠. 하지만 당신, 연애 초반에는 그 배려를 고마워하지 않았던가요? 그때는 고마워했으면서 지금은 왜 당연해져 버렸죠? 원래는 당연한 게 아닌데 말이죠. 그의 배려를 당연하게 여기지 마세요. 당연하다고 여기는 순간 내 사랑도 그에게 당연하게 비칠 수 밖에 없어요. 그도 아마 그렇게 생각할 거예요. 내가 그를 위해 했던 행동들을 그도 충분히 당연하다고 여길 수 있습니다.

사람인지라 처음에는 상대에게 잘 보이려고 하는 행동들이 있습니다. 하지만 사람이 한결같을 수는 없습니다. 그리고 나중에 똑같이 안 해주면 서운함으로 이어집니다. 그럴 때는 싸움으로 번지더라고요. 어쩌면 우리가 이상형이라고 많이 말하는 것 중 하나가 변하지 않고 한결같은 사람을 원했던 게 그러한 이유일지도 몰라요. 그런 사람을 원하면서 우리는 그의 한결같은 사랑을 편하게 대했고, 어느새 소중하게 생각하지 않게 돼버렸네요.

'당연하게 여긴다'는 건 어떠한 특정 행동이 기대가 된다는 건데 그 기대가 무너졌을 때는 실망감으로 변하게 됩니다. 그 사람의 사랑까지도 의심하게 되고요. 그렇다고 기대까지 하지 말란 소리가 아니에요. 결론은 나를 위해 나의 기대에 부응해준 그 남자에게 표현하라는 겁니다. 당연히 생각하지 말라는 거예요.

그의 사랑을 당연하게 여기지 않는 방법에는 별다른 게

없습니다. 고마움을 표현하는 겁니다. 그 남자가 나를 위해 하는 말과 행동들이 주로 무엇이 있는지 떠올려보세요. 그중에서 고마움을 느낄만한 행동이 무엇인가요? 떠올리기 힘들다면 의외로 사소한 것들을 생각해보세요.

무심코 넘어갔던 사소한 일이지만, 그의 세심한 배려와 사랑이 분명히 있을 겁니다. 그것을 꾸준히 나에게 해주고 있다면 반드시 고마움을 표현해야 합니다. 당연히 여겨 그 사람을 소중히 생각하지 못한 미안함도 함께 표현해주세요. 반대로 당신의 사랑이 그 남자에게 당연시 비친다고 느낄 수 있습니다. 배려하는 행동을 했을 때 당연하지 않다는 것을 한 번은 알려주세요.

"내가 너를 사랑하기 때문에 이렇게 행동하는 거야. 그런데 이거 되게 당연한 거 아니다?"

그 남자도 당신을 사랑하지만 어느새 당신의 사랑에 익숙해져서 편해졌을 거예요. 당연한 게 아님을 알려주면 어느새 익숙해졌음을 깨달아 우리의 사랑이 깊어졌다는 걸 느낄 겁니다. 사람도, 사랑도 당연한 건 없습니다. 곁에 있는 나의 존재, 그의 존재도 당연하게 여기면 안 됩니다. 나의 사랑도 그의 사랑도 당연하게 여기지 마세요. 당연한 사랑은 절대로 없습니다.

권태기가 왔다고 솔직히 말한다

남들도 다 그래.

5년이나 됐으면 무덤덤할 때도 됐잖아.

어떻게 연애가 매일 뜨겁니?

– 〈연애의 발견〉, 연출 김성윤·이응복, 극본 정현정, KBS

가슴 두근거리는 설렘으로 시작한 연애이지만 어느 커플이나 한 번쯤은 권태기가 옵니다. 종일 하던 연락이 점점 줄고 나의 상태를 알리지 않으며 그 남자가 예전만큼 궁금하지 않아요. 어느새 의무적으로 연락하는 내 모습을 깨닫게 되죠. 1시간이 10분처럼 느껴지던 통화였는데, 이제는 10분이 1시간으로 느껴져 전화를 끊고 싶기도 해요. 별일도 아닌데 그 남자에게 짜증을 내고 그 사람과 나누는 대화가 지루해졌어요. 오랜만에 데이트하기로 했는데 괜히 피곤한 척 하고 같이 있는 시간에도 다른 생각을 합니다. 그 남자와 데이트하느라 놓쳤던 친구 관계도 다시 회복하려고 친구들에게 연락하는 경우도 있어요.

좀 극단적으로 늘어놓았지만, 이 중에서 한 가지라도 해당한다면 연애 권태기를 의심해봐야 합니다. 그 남자와의 사랑이 식은 걸까요? 네. 식은 겁니다. 저 드라마 대사처럼 어떻게 매번 뜨거울 수 있나요. 하지만 식은 사랑도 사랑이 아니지 않아요. 그 남자와 지난날 뜨겁게 사랑했잖아요. 이번만 극복하면 됩니다. 우리는 극복할 수 있어요. 겁날 거 없고, 초조해할 필요도 없습니다.

권태기가 위기라고 느껴지고 이를 극복하고 싶다면 그 사실을 부정하지 말고 받아들여야 합니다. 처음에는 부정할 수 있어요. 믿을 수 없겠죠. 저도 그랬습니다. 엄청 사랑한다고 느꼈고 서로에게 넘칠 만큼 사랑을 주고받았으니까요. 있을 수 없는 일이라고, 나는 아닐 거라고, 너와 나는 아닐 거라고, 우린 권태기가 없을 거라고 생각했습니다. 하지만 생각과는 달리 저는 바쁘다며 하던 연락도 잊었으며, 그에게 점점 서운하다는 얘기를 듣고 있었어요. 어느새 핑계를 대고 있었고 그 남자와의 데이트가 아닌 다른 약속을 잡고 있는 나를 보고서야 알게 되었습니다. 내 마음도 예전 같지 않다는 걸 인정할 수밖에 없었습니다.

인정하는 게 가장 첫 번째 극복 방법입니다. 인정하면 희망이 있어요. 대신에 인정만 하고 그냥 넘어가는 게 아니라 그 남자에게 말을 하는 거예요. 저는 그 남자에게 솔직히 말했습니다. 말하는 순간 덤덤할 줄 알았는데 오만 감정이 들면서 미안함에 눈물이 나더군요. 그 미안함과 눈물에 사랑이 있었다는 것을 깨달았습니다.

내가 권태기라는 걸 상대도 알면 그저 편했던 연애가 다시 긴장감이 생깁니다. 이것은 절대 부정적인 긴장감이 아니에요. 긍정적인 신호입니다. 무심코 넘어갔던 말 한마디도 서로 조심스럽고, 그 사람을 먼저 생각하는 배려가 생깁니다. 노력하게 되더라고요.

우리가 처음에 어떻게 만났는지 첫 설렘을 떠올리는 것도 또 하나의 방법이에요. 그 남자를 왜 좋아했는지, 어떻게 이 남자를 사랑하게 되었는지요. 우리는 주로 어디서 데이트를 했고, 무얼 하며 즐거워했는지 추억하는 거예요. 함께 연애 초반 때의 사진을 보는 것도 좋습니다. 그때 그 감정을 같이 공유하다 보면 식었던 지금의 사랑이 다시 풋풋해지는 걸 느낄 수 있습니다.

저는 두 가지 방법을 다 해봤지만, 시간이 어느 정도 지나니까 물러났던 권태기가 또 마중 나와 있더라고요. 좀 극단적인 방법이었지만 이번 권태기는 극복 못할 것 같아서 헤어지자고 했습니다. 헤어지자고 했던 순간 정말 홀가분했어요. 그렇게 끝나는 줄 알았습니다. 다음날 그 남자의 프로필에 우리 사진이 사라지기 전까지는요.

사라진 프로필을 보자마자 그 남자에게 연락했습니다. 헤어지자 해놓고 저 자신이 민망하고 이기적이었지만 프로필을 보고 당황스러웠고 화가 났어요. 우리가 만난 시간이 3년인데 한 번에 정리를 하는 것 같아 싫었습니다. 저는 정말 고민 많이 했고 힘들었는데 이 친구는 기다렸다는 듯이 바로 정리하는 것처럼 보였으니까요. 저는 바로 연락했어요. 그런데 이 남자도 제 연락을 기다렸나 봐요. 제가 메시지 보낸 지 0.1초도 안 돼서 답장이 오더라고요. 저는 만나자고 했고 우리는 다시 만났습니다. 헤어진 지 8시간 만에요.

8시간도 8시간이지만 헤어져보니 알겠더라고요. 아직도 이 남자를 많이 사랑해서 헤어질 수 없다는 것을요. 헤어지자 해놓고 사라진 프로필 사진을 보자마자 바로 보고싶었습니다. 그렇다고 당신에게 저처럼 헤어져보라는 건 아니에요. 대신 진짜 헤어져보는 상상을 해보세요. 시뮬레이션을 해보는 겁니다. 헤어질 수 있는지, 헤어져도 이 남자를 잊을 수 있는지, 헤어졌는데 바로 보고 싶은지, 이 남자만한 사람이 내게 있을지 등 헤어졌을 때의 드는 감정의 모든 경우의 수를 생각해보는 거예요. 나 혼자 먼저 헤어져보는 겁니다. 이별 연습을 해보는 거죠.

이런 방법들을 다해보고 나서는 지금 내 마음이 정말 어떤지 돌아봅니다. 이래저래 해보고 시간이 흘러도 내 마음이 돌아오지 않고 여전히 그 남자와의 관계 개선이 안 보인다면 그때는 헤어져도 좋습니다.

반대로 권태기를 극복했다면 이제 진짜 사랑을 할 시간이 남았네요. 아니, 그게 무슨 소리냐고요?

관계의 흔들림이라고 할 수 있는 권태기의 위기를 두 사람이 이겨낸 것입니다. 둘 사이의 여러 문제에 중 연애를 유지할 것인가, 그만둘 것인가라는 가장 큰 위기 앞에 서 있던 거죠. 그 어려움을 극복한 것이고, 극복하고 나서는 같이 극복해준 그 남자가 더욱 사랑스러워 보일 겁니다. 그 남자도 같은 마음일 거예요.

권태기가 왔다면 받아들이세요. 그 남자와 이 위기에 대해 이야기하고 관계 개선을 위해 노력해보는 건 어떨까요?

다인's TMI

남편은 저와 권태기였을 때 절대 헤어질 수 없겠다는 생각이 들어 결혼하기로 결심했다고 하네요.

만나보고 아니면 가차 없이 헤어진다

호감을 갖고 연애를 시작했지만 한 달도 안 돼서 헤어지고 싶었던 적 있나요? 저는 20대 초반에 너무나 많았습니다. 그 때 당시 저는 제가 연애를 할 때 쉽게 질려 하는 타입인 줄 알았는데 돌이켜보니 그게 아니었어요. 지금의 남편과는 4년 연애 끝에 결혼까지 골인했으니까요. 그전에는 진짜 내 남자를 찾지 못했기 때문 아닐까요?

그렇다면 분명 호감을 가지고 시작했는데 왜 바로 아닐 수가 있을까요? 썸탈 때와 연애할 때가 다르기 때문입니다. 나도 다르고 그 남자도 다른 거죠. 저는 막상 만나보니까 내가 생각했던 남자가 아니었어요. 썸탈 때는 모든 걸 다 해줄 것처럼 잘해주더니 연애를 시작하고 나서 언제 그랬냐는 듯이 행동이 바뀌더라고요. 예를 들면 썸탈 때는 어떻게든 나를 만나려고 노력하던 사람이 연애 시작하고 얼마 지나지 않아 연락도 잘 안되고 바쁘다는 핑계가 많았습니다. 더 늦기 전에 이런 남자는 아무리 내가 좋아하는 마음이 크다 하더라도 정말 뒤도 돌아보지 말고 어서 도망가야 합니다.

'내 사랑으로 그 남자를 변화시킬 수 있을거야'라면서 그의 곁에 버티는 여자분들 꽤 많아요. 하지만 사람은 절대 고쳐 쓰는 게 아니라서 변화시킬 수 없습니다. 게다가 그런 남자에게는 기회를 줄 필요 없어요. 말해봤자 입만 아파요. 결혼하면 연애할 때보다 더 안 좋게 바뀔 수도 있는 유형의 남자라서요. 우리는 지금 진짜 내 남자를 찾아야 하기 때문에 이런 유형의 남자로 시간을 낭비하면 안 됩니다.

분명 내가 좋아해서 만났지만 만나고 나서 의외로 별로인 남자가 있을 수 있어요. 내가 남자 보는 눈이 없다고 자책할 시간도 없습니다. 남자 보는 눈은 없는 게 당연합니다. 우리 그런 거 배운 적 없잖아요. 이번 기회에 배웠다고 생각하고 이 상황을 바로 잡기 위해 헤어져야 합니다.

온라인 쇼핑몰에서 예쁜 원피스를 구매했다고 가정해볼게요. 모델이 입었을 때는 너무 예뻤습니다. 상품이 도착해 내가 입어봤을 때는 안 예쁜 거예요. 나에게 어울리지 않아 앞으로 입을 일도 없을 것 같고, 비싸게 주고 사서 누구한테 주기도 난감한 상황이에요. 그럼 어떡해요? 단순 변심으로 환불 신청하지 않아요?

연애를 시작할 때도 그래요. 내가 좋아해서 시작하든 그 남자가 나를 좋다고 해서 시작하든 어쨌든 시작은 했어요. 그런데 만날수록 좋아했던 감정은 온데간데 없어진 거예요. 분명 호감이 가득 찬 상태로 시작했는데 말이죠. 내 마음이 바뀐 겁니다. 그럼 어떡해요? 연애를 돈 주고 산 건 아니니까 환불 신청할 거는 없고 헤어지자고 해야죠. 사람 마음이 갈대라고 해도 어쩔 수 없어요. 빨리 헤어져야 그 남자에게도 덜 미안할 수 있는 상황입니다. 고민할 시간 없어요. 만나보니 정말 아닐 수도 있잖아요?

제 일화를 하나 들려드릴게요. 재수를 하고 수능이 끝나자마자 친구의 남자친구 대학 동아리 사람들과 3 대 3 미팅을 했습니다. 제 인생의 첫 미팅이었어요. 그중에서 한 분이 저에게 지속적으로 관심을 표현해주었습니다. 저도 상대가 관심을 표현해주니까 내심 기분도 좋았고 호감도가 상승했어요. 만난 지 2주 만에 연애를 시작했습니다. 그런데 만나면 만날수록 제가 좋아하는 성격이 아니었어요. 생각보다 소심한 성격의 소유자였고 욱하는 기질도 있더라고요. 만날수록 좋아하는 마음이 정말 사라졌어요. 친구의 남자친구 동아리 사람이라고 했잖아요. 그 동아리 사람들도 만나봤습니다. 동아리에서의 그는 회장이었지만 어린 나이임에도 불구하고 벌써 권위의식이 가득한 사람이었어요.

만날수록 더 좋아하고 사랑해야 하는데 그 남자에 대한 감정의 흐름이 계속 역방향으로 흐르니까 더는 만날 수 없다고 판단했습니다. 그 남자가 저를 더 좋아하기 전에 바로 헤어져야 한다고 생각했어요. 그렇게 헤어졌습니다. 저는 절대 그 남자에게 미안하지 않았어요. 우리는 서로에 대해 깊이 알아보지 않고 연애를 시작한 거였으니까요. 만약 시간을 두고 알아봤다면 만나지는 않았겠지만 오래 걸렸을 겁니다. 역시 연애를 하면서 그 남자에 대해 좀 더 가까이서 지켜보니 그 남자가 어떤 사람인지 알 수 있었어요.

멀리 봤을 때도 예쁘지만 가까이서 봐야 진짜 예쁘다는 말도 있잖아요. 그 남자는 가까이서 봤을 때는 예쁜 사람이 아니었던 거예요.

단순 변심으로 헤어지는 것이어도 그 남자에게 미안한 마음 가질 필요는 없습니다. 누누이 이야기하지만 젊은 날 사랑할 시간도 없어요. 내가 좋아하면서 나를 좋아하는 남자를 찾는 게 정말 쉬운 일은 아닙니다. 운명처럼 만나지는 게 아니라 내가 찾아서 그 운명을 만드는 거예요. 호감으로 시작된 연애가 그 운명이 될 수 있지만 아닌 경우가 더 많아요. 아니라고 판단된 사람과 계속 만날 수 없잖아요. 당장 헤어지고 다른 남자를 찾아 나서야 합니다.

내 마음이 우선이어야 해요. 만나다 보면 쓰레기 중에 쓰레기를 골라내는 눈도 더불어 생깁니다. 쓰레기를 골라내며 내 남자 찾는 눈을 가지려면 아니다 싶은 사람과는 빠르게 정리하는 게 좋습니다.

애초에 누가 봐도 괜찮은 남자와 연애하면 되는 거 아니냐고 물어볼 수 있습니다. 그렇게 되면 더할 나위 없이 좋지요. 하지만 그러지 못할 확률이 더 높아서 우리는 헤어짐과 만남을 계속하고 있는 거 아닐까요? 아직 괜찮은 남자를 감별할 눈을 가졌다고 할 수 없기에 우리는 끊임없이 찾아야 하고 호감을 가지면 연애를 시도해봐야 합니다.

그 남자를 오래 지켜보면서 괜찮은 남자인지 요목조목 따질 수도 있지만, 연애하는 게 그 남자를 좀 더 가까이서 경험해 볼 수 있는 기회니까요.

결국 우리는 진정으로 나를 사랑하는 사람, 내가 사랑하는 사람을 만나기 위해 이 모든 과정을 겪고 있는 겁니다. 만남과 헤어짐을 반복해야만 괜찮은 남자를 구분할 수 있는 눈이 생기며 내 남자를 찾을 수 있습니다. 만나보고 아니면 가차 없이 헤어지세요.

집착은 상대를 옥죌 것 같지만
결국 나를 옥죄는 행위다

이번엔 집착에 관한 이야기를 해볼게요. 혹시 사랑하는 사람에게 너무 과한 애정으로 선을 넘고 있지는 않은가요? 집착이라는 본명을 놔두고 사랑이라는 가명을 앞세워 그 남자를 옥죄고 있지 않은가요? 우리는 왜 집착을 하는 걸까요?

그 남자를 못 믿어서일 수도 있고, 그 남자의 주변을 못 믿어서 그럴 수도 있습니다. 사랑에 대한 확신이 없을 수도 있어요. 이제 연애하니까 그 남자는 내 것이라서 내가 다 알아야 한다고 생각할 수도 있고요. 그 남자가 나를 안 만나는 동안 무엇을 하는지 정확히 알 길이 없어서 집착할 수도 있습니다.

그렇게 그 남자만 생각하고 걱정하는 이유는 결국 '나'에 대한 관심과 걱정이 없기 때문이 아닐까요? 집착하는 모든 이유가 나에 대한 관심은 없고 상대에게만 집중되어 다른 사람의 삶을 지나치게 통제하려고 하는 거잖아요. 그렇다면 정말 '나'에게는 누가 관심을 가져주나요?

과거에 사랑하는 남자, 친구에게 배신당한 경험이 있다면 그 기억으로 지금 남자친구에게 집착하는 성향을 가질 수도 있습니다. 다시 같은 과거를 겪지 않으려고 현재에 집착할 수도 있어요. 하지만 다시 겪지 않으려고 만들어낸 조바심이라는 집착으로 과거와 같은 현재를 만드는 건 오히려 당신 자신이 아닌지 생각해봐야 합니다. 과거가 현재를 지배하는 양상이에요. 결국 같은 일이 반복되는 겁니다.

집착은 사랑이 아닙니다. 집착은 사랑이 될 수 없어요. 사랑하는 그 남자가 집착하는 당신 때문에 힘들어하는 게 당신은 행복한가요? 이렇게라도 사랑을 지키는 게 당신과 그 남자 모두 행복할까요? 절대 그렇지 않습니다.

당신은 이렇게라도 해서 사랑을 지킨다고 하지만 결국 그 남자에게 가해를 하고 있어요. 사랑을 지킨다고 하면서 그 남자를 지키지 않는 거예요. 사랑과 그 남자를 별개로 생각하니까 그렇게 행동하는 거겠죠. 나의 집착이라는 가명의 사랑에 눈이 멀어 그 남자를 힘들게 하는 겁니다. 결국 사랑이 아니라 집착입니다.

사랑은 이렇게 지켜지는 게 아니라는 것을 당신도 어쩌면 알고 있을 거예요. 착각하면 안 돼요. 집착은 사랑이 아닙니다. 집착은 내가 나한테 집중할 시간에 다른 사람에게 집중하는 것도 모자라 가둬두는 행위입니다. 내 할 일을 남자친구에 대한 집착 때문에 하지 못하는 것은 결국 내 시간을 효율적으로 쓰지 못하고 있는 거예요. 정신적으로 그 남자뿐만이 아닌 오히려 나를 더 괴롭히고 있는 거죠. 내가 사랑하는 그 남자를 옥죄고 있는 것 같지만 결국 나를 옥죄는 행위입니다. 내가 나를 숨 못 쉬게 조르고 있는 거예요.

집착한다고 해서 상대가 나에게 더 충실해지지 않아요. 사실 집착할수록 상대가 더 멀리 도망갈 가능성이 더 커요. 그 남자는 당신의 집착에서 벗어나려고 안간힘을 쓰고 있을 거예요.

본인이 집착을 좀 하는 유형이라면 그 남자에 대한 모든 걱정을 내려놓으세요. 사소한 걱정이 너무 많은 사람일 거예요. 사람의 걱정거리 중 96퍼센트가 쓸데없는 걱정이라고 합니다. 그러면 4퍼센트는 진짜 일어나는 일 아니냐고 묻는다면 저는 이렇게 말하고 싶네요. 나에 대한 걱정도 아니고 그 남자에 대한 걱정이라면 더더욱 4퍼센트도 안 될 거라고요. 그리고 설사 우려하는 사건이 일어난다고 가정해봐요. 그 남자를 계속 만날 거예요? 내가 걱정하는 부분이 그 남자를 의심하는 부분 아닌가요? 그 의심하는 일이 일어났다면 그 남자와는 더 이상 만날 수가 없죠. 바로 헤어져야죠. 그러므로 당신은 걱정할 것도 의심할 것도 없습니다.

그 남자와 조금 떨어져서 그 남자에게 여유를 줘보세요. 실제로 다시 함께했을 때 그 남자가 당신을 더욱 소중히 여기게 된다는 것을 알아야 합니다. 그리고 나만 상대를 궁금할 게 아니라 상대도 나를 궁금하게 해야 하지 않을까요? 집착하지 않음으로써 그 남자가 나를 궁금하게 해야 합니다.

마지막으로 그 남자에게 집착하는 당신, 제발 '나'를 보세요. 나를 돌봐야 합니다. 집착하는 내 마음을 가여워하고, 위로해주세요. 사랑하는 남자가 있어도, 사랑을 듬뿍 주는 남자가 있어도 내 마음이 허전하고 외롭기 때문에 더더욱 그 남자에게 집착하는 걸 수 있습니다. 그 남자만 궁금해하지 말고 제발 '나'를 궁금해하세요. 내 마음이 외로운 거잖아요.

거울을 한번 봐보세요. 내 얼굴은 어떻게 생겼고, 내가 웃을 때, 내가 화날 때, 내가 슬플 때 어떠한 표정을 짓는지 한번 봐주세요. 그리고 내가 어떤 표정을 지을 때 예쁜지도 한번 봐보세요. 그다음 이제 눈을 감아요. 눈을 감고 나의 내면은 어떠한 사람인지, 내 장점은 뭐고 내 단점은 무엇인지, 오로지 '나'에 대해서만 집중해보는 시간을 가져보면 어떨까요? 그 남자에게만 쏠렸던 내 정신과 마음이 지금은 '나'에게만 집중하는 시간을 가지는 겁니다.

그 남자에 대한 생각은 잠시 내려놓고, 그 남자 없는 내 미래에 대해 생각해보고, 그 남자 없이 내가 무엇을 할 때 행복한 사람이었는지 깨달아야 합니다. 그 남자를 만나기 전에는 내가 무얼 하는 사람이었는지 떠올려보세요. 그동안 그 남자 때문에 하지 못했던 일들도 생각보다 많았을 거예요. 그 남자를 만나기 전에 나는 무언가를 그래도 하는 사람이었으니까요. 그리고 차츰 행동으로 옮겨보세요. 내가 내 시간을 가진다고 해서 그 남자와 나 사이에 절대 균열이 일어나지 않습니다. 오히려 관계가 개선될 거예요.

그동안의 집착은 하릴없어 보이고 매력적이지 않게 만들었을 거예요. 사람은 누구나 자기 일을 할 때 나오는 당당함이 매력적으로 보입니다. 어쩌면 그 남자가 당신과 연애를 시작하기 전에 그 모습을 보고 사랑에 빠졌을 지도 몰라요.

그 사람이 내 소유가 될 수 없듯이 내가 그 사람의 소유가 될 수 없습니다. 연애한다고 해서 그 사람이 내 소유물이 되지 않아요. 내 소유물은 '나' 자신뿐입니다. '나' 자신을 위해 '나'를 예뻐해주고, 위로해주고, 사랑해주세요. 나를 사랑해보지 않아서 그 남자에게 집착이라는 거짓 사랑을 주는 것일지도 모릅니다. 차라리 내 마음에게 집착을 해봐요. 그리고 자신에 대한 사랑도 과하다보면 내 마음도 내가 주는 집착에 분명 힘들어할 거예요. 내 마음이 싫으면 그 남자 마음은 더 싫은 겁니다.

다인's TMI

역시나 경험에서 우러나온 이야기입니다.

사랑할 때 쏟은 마음처럼
이별도 쏟아낸다

사랑하는 남자로부터 이별을 선고받았습니다. 당신은 어떻게 할 건가요? 과연 덤덤하게 받아들일 수 있을까요? 아무리 예견된 이별이라 해도 막상 이별을 경험하지 않는 이상 모르는 겁니다. 덤덤히 받아들이고 말고의 문제가 아니라 많이 슬플 거예요.

그를 잡을 건가요? 아니면 그를 쿨하게 보내줄 건가요? 그가 헤어지자고 하는데 그의 입장에서는 그를 보내주는 게 맞습니다. 하지만 당신, 그를 아직 보내줄 준비가 안 됐습니다. 아직도 많이 사랑한다면 지금 이 남자를 놓치고 싶지 않다면 있는 힘껏 잡으세요.

물론 쉽지 않습니다. 잡힌다고 잡힐 사람이 아닐 거예요. 잡힐 거였으면 이별을 말하지도 않았을 거고요. 하지만 그 남자를 잡는 과정에서 그와의 이별을 받아들일 준비를 하는 겁니다. 헤어지자고 말한 당사자는 이미 헤어질 준비가 끝난 후 말하는 거지만, 난 아직 헤어질 준비가 안 된 거잖아요. 내 슬픔을 쏟아내면서 나도 헤어질 준비를 하는 겁니다.

어차피 이별하기로 한 거 내 마음이 다 풀릴 때까지 이별의 슬픔을 쏟아내세요. 잡히지도 않을 거니까 그 남자 앞에서 이별의 슬픔을 쏟아주세요. 아름답게 이별하고 싶다고요? 아름다운 이별은 그 사람의 합리화에요. 자기 앞에서 슬퍼하지 말라는 거죠. 나는 슬픈데 어떻게 슬픈 게 아름다워요? 그 남자는 슬프지 않은 겁니다. 하긴 슬펐다면 헤어지자고도 안 했겠죠.

저의 슬픔을 쏟아내는 이별 방식이 있습니다. 매 순간 이별을 통보받았을 때 자존심도 다 버리고 그 남자를 잡았습니다. 만나서 통보하든 톡이나 전화로 통보하든 저는 상관없었어요. 어차피 찾아가거든요. 만나서 이야기하자고 합니다. 당연히 상대편에서는 그냥 이대로 끝내자고 하지요. 하지만 저는 가만히 있지 않습니다. 집은 잘 모르니까 그 사람 동네

카페에서 무작정 기다립니다. 그 남자가 안 나와도 일단은 기다립니다. 꼭 그 남자를 만나러 가겠다는 심정은 아니었어요. 안 나올 거 뻔히 예상하고 가는 거니까요. 그래도 기다렸습니다. 가끔 나오는 사람도 있는데 나와서 다시 한 번 헤어지자는 이야기를 듣습니다.

솔직히 그 남자의 마음을 다시 돌리려고 가는 거긴 해도, 한 번 더 이별 통보를 들으러 가는 겁니다. 저 자신이 이별을 받아들여야 하니까요. 저도 시간이 필요한 거잖아요. 그 남자가 안 나와도 좋아요. 그냥 거기 앉아서 제 마음을 추스르고 그 사람과의 추억을 정리하러 가는 겁니다. 며칠 정도 기다려도 그 사람은 역시 안 나와요. 그냥 저에게 정리할 시간을 주는 거예요. 그러다 보면 저도 받아들이고 그 사람과 어느새 끝나게 됩니다. 저는 이렇게 이별을 합니다.

다른 사람들이 보기에는 뭘 또 무섭게 동네까지 찾아가고 그러냐, 자존심도 없냐고 생각하는 분들도 있을 거예요. 뭐 죄지었나요? 왜 무섭다고 하죠? 만나서 이별 이야기하지 못한 비겁함 때문에 무서워하는 거 아닐까요? 지금 당장 사랑하는 사람이 저를 떠난다는데 자존심 챙길 여유도 없습니다. 내 마음을 다해서 아픔과 슬픔을 표현하는 거뿐이에요. 내 마음은 내 거잖아요.

사람에 따라 이별의 시간이 다르겠지만 그렇게 쏟아내고 나면 생각보다 회복의 속도가 빨라집니다. 이미 쏟을 대로 쏟아낸 상태라 더 이상 슬픔도 아쉬움도 없는 무덤덤한 상태가 돼요. 정말 생각이 안 나게 되더라고요. 언제 이별했냐는 듯이 제 일상으로 돌아가 제 일을 잘하고 있습니다. 그동안 밀렸던 일을 더 열심히 하게 됩니다. 그리고 오히려 새로운 연애를 시작할 준비가 되어 있더라고요.

아직도 그 남자를 사랑하고 이별의 아픔이 너무 크다면 애써 이별을 받아들이려 하지 말고 슬픔을 쏟아내세요. 억지로 정리할 필요도 없어요. 정리하려 할수록 내 마음은 더 힘들 테니까요. 그 사람과의 추억을 떠올려도 보고 그 사람과 함께 데이트했던 장소로도 가보는 거예요. 가서 내 슬픔을 다 쏟아내고 오세요.

사랑은 두 사람이 함께했는데 왜 이별은 혼자 끝내야 하는 걸까요. 이별도 연애의 한 과정입니다. 이별을 쏟아내세요. 한쪽만의 이별이 아닌 두 사람 모두의 이별을 할 수 있습니다.

다인's TMI

저는 언제부턴가 신림동은 안 갑니다.

헤어지면 다른 사람으로 치유된다

우리가 헤어진 지 딱 서른 밤째
우연히 그저 우연히 니가 보고 싶어서
너네 집 나무 앞을 한참 동안
빙빙 맴돌기만 하다가
그렇게 둘이 걷던 그 골목길을
쓸쓸히 그저 쓸쓸히 혼자 걸어보다가
다리에 힘이 풀려 한참 동안
주저앉아 울기만 했어
나 사실 너무 힘들어

– 새봄(Saevom), 서른 밤째(With 한올), 2015

저 노랫말처럼 그 남자와 헤어진 지 한 달이 지났습니다. 헤어짐에 익숙한 건 아니지만 당신은 어떻게든 극복하려고 노력하고 있어요. 하지만 쉽지 않아 슬픔의 기간이 길어집니다. 아직도 좋아하는 감정이 많이 남아 있습니다. 남아 있겠죠. 많이 좋아했잖아요.

헤어지는 장면이 계속 생각나서 그 남자가 원망스럽습니다. 원망도 잠시 그와 좋았던 추억만 떠오르게 됩니다. 그 남자가 밉기만 한데 헤어지고 나서는 왜 그 남자와 행복했던 순간만 생각날까요. 우리는 어쩌다 이렇게 되었을까요.

충분한 슬픔으로 그 사람을 정리하는 건 아주 옳은 일임에 분명합니다. 하지만 오랜 시간동안 일상 자체를 슬픔과 아쉬움, 후회, 원망으로만 보낼 수 없잖아요. 물론 노력하는 것도, 당신 뜻대로 되지 않는다는 것도 알고 있어요.

그 남자와 연애하기 전 나의 생활을 떠올려보세요. 당신은 잘 살고 있었어요. 그냥 그때처럼 그 사람 없던 일상으로 돌아가서 잘 살면 됩니다. 세상은 변한 거 없습니다. 당신의 마음이 이렇게 슬프고 허무하더라도 세상은 잘만 돌아갑니다. 그 남자는 더더욱 잘 살고 있겠죠.

헤어진 그 남자 소식 알고 있나요? 내가 이렇게 슬퍼하는 동안 잘 지내는 것처럼 보이지 않나요?

지금 슬픔에 허덕일 때가 아닙니다. 시간은 충분히 지났습니다. 사람에 따라 이별의 기간이 다르겠지만 우리 노력해야죠. 진짜 내 남자 찾아야 하잖아요. 언제까지 떠난 그 남자를 붙들고 있을 건가요? 우리 정신 차려요. 슬퍼하고 그리워해봤자 그 남자 돌아오지 않습니다.

인생에서 다시는 그런 남자 못 만날 것처럼 느껴지더라도 지금 슬퍼서 그렇게 느낄 뿐입니다. 살아보니까 슬프고 힘든 이별 이후에도 내가 사랑하고 나를 사랑해주는 좋은 남자를 언제라도 다시 만날 수 있습니다.

헤어졌다고 스위치를 껐다 켰다 할 수 없는 것처럼 슬픔의 통제가 쉽지 않은 거 알아요. 그래서 다른 사람을 바로 만나는 건 어렵습니다. 그래서 더더욱 정신을 차리라는 겁니다. 미래의 내 남자가 나를 어디선가 기다리고 있을 거예요. 내 남자 찾기, 다시 의지를 불태워보는 것이 어떨까요? 떠난 그 남자는 이미 내 남자가 아니니까요.

대학 생활에서 딱 반 학기 동안에만 친하게 지냈던 친구가 있었어요. 왜 반 학기냐고요? 여름방학 전쯤 사귀어서 여름방학이 끝나기도 전에 헤어졌거든요.

만난 기간은 짧았지만 시작은 괜찮았어요. 그 친구가 나를 특별하게 느끼고 있다는 것을 알았을 때쯤 저도 어느새 좋아하고 있더라고요. 우리는 따로 고백 같은 거 없이 서로의 마음을 확인한 순간부터 자연스럽게 연애를 시작했습니다.

그때는 정말 좋아하는 상대를 만난 게 처음인지라 제 연애가 서툴렀어요. 서로 좋아했던 마음의 저울이 제 쪽으로 많이 기울어져 있었습니다. 제가 더 많이 좋아했어요. 시간이 조금 지나 그 친구는 저의 사랑이 부담스럽다고 느꼈는지 며칠간 연락을 끊은 후 헤어지자고 하더군요. 그냥 친구로 지내자고요. 붙잡으려고 집 근처에도 찾아갔지만 그 친구는 확고했어요.

당시 느꼈던 슬픔은 어마어마했습니다. 20년 넘게 살아내는 동안 이런 슬픔을 마주한 적은 없었다고 해야 할까요. 이렇게 좋아하는 남자는 만날 수 없을 거라 생각했어요. 그리고 그와는 이제 남보다도 못한 사이로 지내야 한다는 게 많이 당혹스러웠고 슬프고 힘들었습니다. 하지만 어쩌겠어요. 다음 학기 때 계속 봐야 하고 앞으로도 학교 다니는 동안은 마주쳐야 하니까 슬픔을 이겨내야 했습니다. 다른 친구들이랑 더 즐겁게 지내도 보고, 학과 공부도 열심히 해보고 오히려 최선을 다해 학교생활을 했습니다. 그 남자 앞에서 괜찮은 척하려고 무진장 애썼습니다.

헤어진 지 3개월 정도 지났을까요? 새로운 사랑이 찾아왔어요. 미팅을 했는데 그 자리에서 마음에 들었던 상대와 만나게 되었습니다. 그전까지 그 친구를 보는 게 껄끄럽고 마음이 뒤죽박죽이었는데 역시 다른 남자로 잊는 방법이 가장 효과가 빠르더라고요. 새로운 사람을 만나서 언제 그랬냐는 듯이 강렬했던 이별의 슬픔을 그렇게 극복했습니다.

좋아하는 마음으로 연애만 시작하면 모든 게 아름답고 행복할 줄 알았습니다. 연애라는 과정 안에서 사랑도 있고 이별도 있더군요. 이별을 극복하는 수단은 다른 사랑만큼 더 강력한 것은 없습니다. 저는 따지고 보면 스무 살 이후 남자친구와 헤어져 있는 시간보다 연애하고 있는 시간이 제 인생에서 길었습니다. 그만큼 열정적으로 썸을 타고 연애도 하고 이별도 극복한 겁니다.

짧은 연애만 한 것은 아닙니다. 다양한 사람을 만났듯이 연애의 모습도 다 제각각이었어요. 이별의 슬픔은 짧고 굵게 느끼려고 노력했으며 다른 사람과 만나면서 극복했습니다. 그러면서 저와 어떤 성향의 남자가 맞는지, 내가 어떠한 남자를 좋아하는지 등 나만의 데이터들이 자연스럽게 쌓였습니다. 이별의 슬픔은 반드시 다른 사람으로 잊을 수 있습니다.

이별에 힘들어 아파하는 당신, 힘들겠지만 딱 한 번 미친 척하고 다른 사랑을 찾아 나서면 어떨까요? 시작은 어렵더라도 한번 해보고 나면 슬픈 내 마음이 조금은 나아질 겁니다. 다른 사랑으로 우리는 충분히 위로받고 극복할 수 있습니다.

다인's TMI

그렇게 찾은 새로운 사랑은 그 친구가 군대 간 뒤 자연스럽게 멀어졌습니다.

4

연애의 완성_

평생 함께해도 좋을 것 같아

설렘이 사라지는 순간
진짜 사랑 시작

'설렘이 사라지면 진짜 사랑이 시작된다.'

아마 지금 장기 연애를 해보신 분들은 이 말이 무슨 뜻인지 아실 거예요. 반대로 이제 막 연애를 시작하는 분들은 설렘이 사랑이라고 아시는 분들이 많을 겁니다.

설렘만이 사랑이 아닙니다. 부모와 자식의 사랑, 친구들 간의 우정도 설렘이 아니잖아요. 연인, 부부관계도 마찬가지라고 생각해요. 사랑의 시작과 사랑하는 유형은 다르지만 본질적으로 그 사람을 생각하고 좋아하는 마음은 크게 다르지 않습니다. 설렘만이 사랑이라고 정의한다면 우리의 심장은 50년도 살지 못할 거예요. 앞으로의 100세 시대는 더더욱 견

딜 수 없을 겁니다. 장기 연애와 결혼생활은 꿈도 못 꾸는 거겠지요.

당신이 최신 핸드폰을 구매했을 때를 떠올려보세요. 처음에는 그 핸드폰만 봐도 설레고 새롭지만 어느새 사용법에 익숙해져 갑니다. 그리고 시간이 지나면 그 핸드폰은 없어서는 안 될 존재가 돼버리는 경험, 모두 겪어보셨죠?

고장이 나도 언제든지 A/S를 받으면 되고 다시 이전처럼 사용할 수 있습니다. 요새는 보험 제도도 잘 되어있어 잃어버리거나 액정이 깨져도 충분히 보상받아 사용 가능합니다. 약정 기간도 존재하지만 제품과 기술력이 좋아 그 약정을 늘리기도 하죠. 이미 핸드폰에는 내 사진과 개인 정보, 자주 쓰는 애플리케이션들이 깔려있어 내 사용에 최적화되어 있습니다. 익숙함이 좋아 굳이 새로 사지 않고 지금의 핸드폰을 오래오래 사용합니다.

새 핸드폰을 구입해서 쓰는 설렘도 좋지만, 이미 길들여진 핸드폰을 계속 사용하는 거예요. 연애도, 결혼도 별반 다르지 않습니다. 사랑에는 유효기간이 있다고 하죠? 유효기간이 끝나면 우리의 사랑도 중간중간 A/S를 하며 그 사랑을 유지합니다. 유효기간을 연장하는 겁니다. 서로 맞지 않는 부분에 대해 다투고 사과하면서, 끊임없이 이야기하는 이런

A/S를 통해 서로 맞춰갑니다. 맞춰가다 보니 이제 그 남자가 편해지고 사랑도 익숙해져 버린 겁니다. 설렘으로 시작한 사랑이지만 그 사람에게 익숙해지고 추억을 공유할 수 있고 내 모든 것을 이미 다 알고 있는 그 남자가 편안하고 더 사랑스럽습니다. 사용이 편안하고 익숙해진 핸드폰도 잘 안 바꾸는데 사랑하는 사람은 오죽할까요?

사랑의 설렘이 사라졌다고 초조한 적 있으신가요? 권태기가 아닐까 두려워한 적 있으셨나요? 초조해하지도, 두려워하지도 마세요. 서로에게 편안하게 느끼는 만큼 연애를 잘해온 거니까요. 당신은 굳이 말을 하지 않아도 지금 내 남자가 무엇을 원하는지 알 거예요. 이미 서로의 음악, 영화, 성적 취향까지 파악이 되었으며 그 남자가 싫어하는 행동이 무엇인지 다 알고 있으니까요. 예전에는 서로의 다름 때문에 싸움이 잦았는데 이제는 평화로운 나날들로 이어지는 겁니다.

연애 초반에는 설렘이 있었지만 다툼과 긴장도 더불어 있었어요. 우리는 싸움과 화해를 반복하며 연애의 역경을 극복하죠. 지금은 그 전쟁 같은 초반을 잘 극복하고 중후반을 달려가고 있는 겁니다. 편안함과 안정감이 생겼고 서로에게 큰 신뢰가 쌓였습니다. 어떠한 장애물이 와도 그 장애물을 극복할 사랑이라는 창과 방패가 있습니다. 그 창과 방패로 둘이 힘을 합쳐 세상과 싸워서 서로 응원하는 모습을 마주할지도 모릅니다.

이제는 편안해져 버린 사랑 때문에 머지않아 이별하는 게 아닐까라고 부정적으로 생각하지 말아요. 오히려 그 사랑을 받아들이고 소중하게 대해주세요. 익숙해진 사랑을 소중히 여길 줄 아는 사람만이 설렘이 사라져도 진짜 사랑을 할 자격이 있습니다. 설렘만이 사랑이 아니라는 걸 곧 알게 될 테니까요.

제 연애의 인생은 설레지 않아도 사랑이라는 것을 알기 전후로 나눌 수 있습니다. 처음에는 설렘만이 사랑이라고 생각했어요. 설레지 않으면 사랑이 아니라고 여겨 짧은 연애를 많이 했습니다. 지금의 남편을 만나기 전까지는요.

처음 남편과 만났을 땐 설렘으로 시작했습니다. 하지만 연애 기간이 3년이 지나고 나서 설레지 않는다는 것을 느꼈어요. 아직도 사랑하는 마음은 그대로인데 설레지 않는 게 이상했죠. 덜컥 두려웠습니다. 내가 설레지 않는 만큼 그 남자도 같은 마음일지도 모른다는 생각이 들더라고요. 불과 몇 년 전에는 사랑한다는 표현만 해도 엄청난 떨림이 있었는데 이젠 그 표현도 익숙해져 버렸습니다. 우리의 사랑이 많이 무뎌졌다고 여겨져 굉장히 슬펐습니다.

하지만 그 슬픔과 두려움은 곧 사라졌어요. 눈빛만 봐도 그는 내가 무엇을 원하는지 알고 있었으니까요. 힘든 일이 있을 때 내 마음을 알아주는 그 사람 품에 안겨 펑펑 울면서 이 사람이 영원한 내 편이라고 생각이 들었습니다. 사랑의 기간이 오래되어 설레지는 않지만 이게 진짜 사랑이라고 깨닫게 되더라고요. 그 남자가 나에게 크게 설레지 않는다고 하는 말이 무척 서운하게 느끼던 시절도 있었어요. 하지만 지금은 나를 볼 때 가끔 설렌다고 하는 이 사람이 진짜 내 남자라는 생각이 들어 사랑스럽습니다.

편안해진 연애의 지루함과 권태로움을 느껴 슬퍼하지 말아요. 그만큼 우리의 연애에서 나를 편안하게 해주고 익숙하게 만들어 준 그 남자에게 진한 사랑 표현을 해보는 거 어떨까요? 설렘은 희미해졌지만 우리 둘만 아는 사랑의 익숙함이 더욱 크게 우리를 단단하게 만들고 있습니다. 여전히 우리는 사랑을 하고 있으니까요.

설레는 사랑을 하고 있을 때를 연애 제1막이라고 한다면 이제 곧 설레지 않지만 진짜 사랑이라는 연애의 제2막이 시작됩니다. 지금 그 남자와 2막을 맞이할 준비가 되었나요? 아래 드라마 엔딩 대사가 당신의 미래 연애 2막을 잘 보여줍니다. 한번 상상해보세요.

> 연애의 클라이맥스는 이미 우리에게 지나갔어요.
> 이제 이렇게 티격태격 말싸움이나 하고 살겠죠.
> 이제 나는 그게 더 좋은 거 같아요.
>
> – 〈연애의 발견〉, 연출 김성윤·이응복, 극본 정현정, KBS

당연하다고? 당연한 것은 없다 II

2000년대 중반에 한창 인기 있던 TV 프로그램 〈X맨 일요일이 좋다〉에서 나온 '당연하지 게임'이 히트한 적이 있었습니다. 상대에게 당연하지 않은 질문을 하면서 '당연하지'라는 답변을 받는 게임입니다. 당연한 게 아닌데 당연하다고 해야 이길 수 있는 게임이에요. 당연한 것이 아닌 심리를 역이용해서 상대를 약오르게 하거나 심지어 화도 나게 만들 수도 있습니다. 어쩔 수 없이 당연하다고 대답해야만 하는 상황이 재미를 주는 게임입니다.

나는 이렇게 행동해야 하는데, 남자친구가 내 생각과 다르게 행동하는 모습을 보고 이상하게 여겼던 적 있지 않나요?

사고가 다르기 때문이에요. 나한테는 이게 당연하기 때문에 남자친구한테도 당연할 거라고 생각하는 겁니다.

하지만 그 생각은 정신적 당연함을 강요하고 있는 거예요. '당연하지 게임'에서도 당연한 게 아닌 상황에서 당연하다고 받아들여야만 하는 내 마음이 억울한 것처럼요. 내 생각이 당연한 것을 상대에게 강요하지 마세요. '나는 이렇게 생각하고 행동하는데, 너는 대체 왜 이게 안 돼?'라고 강요하면 안 됩니다. 상대방을 무시하는 행위로 비칠 수 있어요.

남편과 관련된 에피소드가 있습니다. 연애한 지 2년 정도 되었을까요. 이전에 한 번 가봤던 맛집에서 만나기로 약속했습니다. 그는 약속 시간에 맞추어 도착했는데 저는 늦었습니다. 길치라서 한번 가봤던 곳도 다시 못 가는 재주가 있거든요.

그날도 어김없이 헤맸습니다. 제가 너무 늦게 오자 답답한 그 남자는 전화를 해서 대체 어디냐고, 저번에 와봤던 곳인데 왜 모르냐고 하더라고요. 제가 도착하자마자 더욱 화를 냈어요. 우리가 맛집이라고 극찬하면서 즐겁게 먹은 곳이고, 와봤던 곳인데 왜 못 오느냐고 하면서요. 우리의 추억이 담긴 곳이 아니냐고 그새 잊은 거냐고 서운해했습니다.

저는 억울했어요. 저도 한 번에 길을 찾고 싶고 빨리 그와 만나고 싶었어요. 그런데 심각한 길치라 나름 힘들게 찾아갔는데 다짜고짜 화를 내니까 저도 내심 시운하더라고요. 그 남자는 “나는 여기 잘 왔는데 너는 왜 못 와?”라고 시작해서 결국 “나는 되는데 너는 왜 안돼?”로 이어졌습니다.

그는 별명이 '내비'일 정도로 초행길도 막힘 없이 가는 편입니다. 한 번 갔던 길은 주변 상점이 무엇이 있는지도 다 기억하면서 완벽하게 찾아갑니다.

반면 저는 초행길은 엄두도 못 내고 지도를 보면서 걸어가도 엉뚱한 방향으로 가버리기 일쑤에요. 저에게 한 번 갔던 곳은 그냥 가봤던 느낌만 났을 뿐이고 어떤 방향으로 가게 되었는지 전혀 기억을 못 합니다. 이름만 기억해도 다행이예요. 몇 번을 반복해서 가야 헤매지 않고 갈 정도의 수준입니다. 그렇다고 제가 모자란 것은 아니잖아요? 우리의 뇌구조가 다른 거라 생각해요. 사람은 각자 자기가 좋아하고 잘할 수 있는 것이 다르니까요.

제 남편은 길 찾는데 머리 회전이 굉장히 좋은 편이고 저는 그렇지 못한 것뿐이에요. 저는 그 장소를 찾아가는 방향보다 그 장소의 분위기나 느낌을 더 중요하게 여기는 사람입니다. 그렇게 우리는 한참 싸우다가 어느새 서로의 생각을 강요하고 있다는 것을 깨달았어요. '너는 내 생각과 같아야지'라고 말이에요. 내 사고와 그의 사고를 당연하게 여기면 안 돼요. '내가 이렇게 생각하니까 너도 이렇게 생각해야지', '우리는 사랑하니까 생각이 같아야지'라는 생각은 절대 금물입니다. 내 생각과 내가 느낀 감정도 상대가 당연히 알고 느껴야 한다는 것은 정신적인 협박입니다. 내 생각이 다 그 남자와 같지 않으며, 그 남자 생각이 다 나와 같지 않음을 깨달아야 해요.

그날 이후 우리는 서로의 생각을 강요하지 말고 당연하게 여기지 말자고 약속했습니다. 내 생각은 나의 것이고, 그의 생각은 그의 것입니다. 생각은 통할 수 있는 것이지 애초부터 같지 않습니다.

이전에는 다른 생각이 통했을 때 우리는 텔레파시가 통했다고 여기며 사랑이라고 느끼기도 했어요. 하지만 결국 생각이 같아서 그 사람을 사랑한 게 아니잖아요. 온전한 내 생각이 온전히 그의 생각이 될 수는 없습니다. 상대의 생각을 소유하려 들면 안 돼요. 자신의 생각을 그에게 강요하지 마세요. 물론 강요받지도 말고요.

익숙한 사랑을 당연하게 여기면 안 되는 것처럼 내가 당연하다고 생각하는 것도 그 남자에게는 당연하지 않음을 이야기하고 있습니다. 당연하게 여기지 않음으로써 상대의 생각과 마음을 존중하는 것, 그것이 사랑입니다.

다인's TMI

지금도 남편과 가장 많이 투닥거리는 이유입니다.

난 네가 정말로 이해가 안 돼!

상대방의 입장에서 아무리 생각을 해봐도 이해가 안 되는 순간이 있습니다. 역지사지가 안 될 때는 이 남자와 내가 다르다는 것을 인지해야 합니다. 그 사람은 그런 사람인 거라고 받아들여야 합니다. 그 자체를 존중해야 하는 거죠.

“틀린 게 아니라 다른 거야”라고 많이 들어보셨을 거예요. 그가 틀린 게 아니라 그와 나는 다른 거예요. 물론 다름을 인정하는 건 정말 쉽지 않아요. 부모와 자식 간에도, 친구들 간에도 지금 옆에 있는 직장 상사, 동료들도 내 머리로 이해하기 힘든 순간들이 많습니다.

'우리 엄마는 오늘 대체 왜 그러실까? 기분이 안 좋으신가?'

'저 XX가 오늘 미쳤구나!'

'쟤는 도대체 왜 저렇게 행동하지?'

우리는 사회 속에서 혼자 살아가는 게 아닙니다. 계속 다름을 인정해야 하는 삶을 살고 있어요. 생각보다 스트레스가 클 거예요. 그 스트레스와 함께 다름을 받아들이는 것은 정말 어렵습니다. 그래서 사회생활이 어려운 거죠. '저 사람은 원래 그래, 원래 그런 사람이야'라고 받아들이는 게 참 힘듭니다. 나와 다르기 때문이에요.

사랑하는 남자에 대해서 다름을 받아들이는 것은 더욱 힘듭니다. 사랑이라는 감정이 들어가기 때문에 '당연히 나와 같은 마음이겠지'라고 생각할 테니까요. 그래서 더욱 싸움이 되는 거겠지요.

반대로 당신은 나에 대한 이해와 다름을 존중받기를 바라면서 그 남자의 다름을 왜 존중하지 않는 걸까요? 내가 먼저 그 남자의 있는 그대로를 인정하고 받아들여 보세요. 그 남자도 나 자체를 인정할 수 있는 시작이 될 수 있습니다. 그렇게 서로 맞추어 가면 됩니다.

지금 만나고 있는 남자와 처음 만났을 때를 떠올려보세요. 연애 초반에는 외적인 모든 것들을 직관적으로 받아들이며 호감을 가지고 연애를 시작했어요. 물론 그 남자의 성품도 어느 정도 한몫했기 때문에 연애를 시작한 거겠지요. 하지만 내적인 면들은 눈에 보이지 않아서 그 사람을 100퍼센트 알고 시작한 연애는 대부분 아닐 겁니다.

이제는 연애가 길어지면서 진짜 그 남자를 마주하게 됩니다. 내가 좋아하는 면이 있을 수 있지만 싫어하는 면모도 있을 수 있어요. 이 싫어하는 면모를 어떻게 대처할 것인지가 문제입니다. 그 싫어하는 면도 사랑할 수 있어야 진짜 사랑이겠지요? 사랑이라는 감정으로 그 사람의 좋고 싫음을 다 수용해야 하는 게 참으로 힘들기도 해요.

도저히 수용이 안 되는 선과 범위라서 헤어지는 커플도 많습니다. 비도덕적 범위라면 더욱 헤어져야겠지만 이렇게 헤어지는 것을 우리는 보통 '성격 차이'라고 부릅니다.

결혼 생활은 더 심합니다. 생활을 더욱 같이하다 보면 다름을 직면해야 하는 상황이 매번 있습니다. 지금 같이 사는 가족과도 생활 방식이 맞지 않아 싸운 적이 있지 않나요? 심지어 독립해 혼자 생활하다가 둘이 만나 결혼을 하게 되면 우리가 다른 생활 방식의 사람이라는 것을 매번 부딪쳐야 할지도 모릅니다. 사소한 것조차 다를테니까요.

그 남자도 나의 있는 그대로를 또는 자신과 다른 부분이 이해가 안 되거나 인정 안 될 때도 있을 것입니다. 나의 장점뿐만 아니라 누군가에게는 단점으로 보일 수 있는 부분까지도 다름으로 인정해 주는 사람을 만나야 합니다. 온전히 나를 받아주는, 내 존재 자체를 인정해 주는 그런 남자 말입니다.

오스트리아의 정신의학자 알프레드 아들러는 존재 자체를 인정하는 것을 '존경'이라고 표현합니다. 인간의 모습을 있는 그대로 보고, '있는 그대로의 그 사람을 인정하는 것'을 넘어서는 존경은 없다고 덧붙이면서요. 그만큼 있는 그대로의 그 사람을 받아들이고 인정하는 것이 어렵기 때문에 이를 넘어서는 존경은 없다고 표현하는 것 같습니다.

지금 만나는 이 남자와 결혼까지 생각한다면 이해가 안 된다고 화만 내지 말고 그 남자와 나의 다름을, 있는 그대로를, 존재 자체만을 받아들여보세요. 연애 초반에 그 남자와 나누었던 사랑을 떠올려보면, 당신은 그 남자의 '존재' 만으로도, 내 곁에 있다는 것만으로도 설레고 행복하지 않았나요?

이미 당신은 그 남자의 존재만으로도 사랑할 수 있다는 것을 알고 있어요. 서로의 다름을 인정하는 순간, 당신과 그 남자는 진짜 사랑을 하고 있는 겁니다.

이런 내 모습도 사랑해줄 수 있어?

당신은 인생에서 가장 힘든 일을 겪은 적이 있나요? 그래서 누군가 당신 옆에서 위로를 해주었나요? 가족 말고요. 내가 바닥이라고 생각하는 인생의 끝자락에서 사랑하는 내 남자가 곁에 있다면 존재만으로도 큰 위로가 됩니다. 내 밑바닥을 보고도 떠나지 않았으니까요.

힘들 때 있어 준 사람이 진짜 내 사람이라고 하잖아요. 아무리 아름다운 연애를 그 사람과 길게 했더라도 가장 힘든 시기에 내 곁을 지켜주는 사람, 나를 응원하고 위로해주는 남자가 진짜 내 사람, 내 남자입니다.

저의 경우 힘든 일이라고 느끼는 게 인간관계입니다. 사람을 쉽게 믿고 좋아하는 탓에 그만큼 사람들에게 상처를 많이 받았어요.

20대 중후반쯤의 나이였고, 새 직장을 옮긴 지 얼마 안 된 때였습니다. 부서 특성상 여자들이 많은 집단이라 그분들과 친해지려고 노력을 많이 했어요. 그중 한 분과 친해졌다고 생각했는데 금세 오해로 사이가 틀어져 버린 거예요. 다른 사람이 말한 어떤 이야기 때문에 그분과 저는 말도 안 되는 싸움을 하게 되었습니다. 태어나서 그렇게 말싸움을 한 적은 처음이에요. 솔직히 말하면 싸움이 아니었어요. 일방적으로 당했거든요. 당시 말의 출처가 어디서 왔는지 몰랐기 때문에 계속 변명만을 늘어놓을 수밖에 없었어요.

싸우고 나서 알고 보니 그 집단에서 저는 은따 아닌 은따였더라고요? 그 부서에서 제 편은 없었습니다. 퇴근할 때마다 남편을 만나서 하소연했고 하염없이 울고 또 울었습니다. 굉장히 억울했어요. 친애하고 좋아하는 분에게 큰 오해를 받아서 저는 더 이상 그 회사를 다닐 수 없다고 생각했습니다. 부서 사람들은 다 그분의 편인 것 같았어요. 그래도 최대한 빠른 시일 안에 오해를 풀려고 노력했지만 풀 수가 없었습니다. 그분은 제 말을 들으려고 하지도 않았기 때문이에요. 옮긴 지 얼마 안 된 회사를 그만둬야 하는 상황까지 갔었고, 내 말을 믿어주지 않는 그분 때문에 화도 나고 배신감까지 들었습니다. 회사 내에서 내 편은 없다는 생각도 들어서 슬픔과 외로움은 말도 못하고요.

며칠 동안 옆에서 조용히 저를 다독여주고, 제 감정의 바닥 끝까지 보고 나서도 내 편만을 들어준 이 남자가 아니었으면 이 위기를 극복하지 못했을 거예요.

그로부터 용기를 얻은 저는 다시 기회를 만들었습니다. 다행히 그분과 오해를 풀고 화해할 수 있었습니다. 회사도 그만두지 않았고요. 이후 시간이 지나자 부서 사람들과도 친해졌습니다. 지금 생각해 보면 '어떻게 그날들을 버텼을까'를 떠올리는 것 자체가 힘들 정도로 매우 힘든 시기였어요. 그 힘든 내 감정을 다 받아주고 내 편만을 들어준 그 남자가 정말 소중하게 느껴졌습니다. 그 남자가 없었더라면 오해도 풀지 못한 채 저는 회사를 그만뒀을 거예요. 상황을 견디지 못하고 피하기만 했을 거고요.

시간이 약이라는 말과 이 모든 게 다 지나갈 거라는 옛날 어른들 말들이 맞긴 합니다. 하지만 그 시간을 누구와 어떻게 견디고 힘내느냐가 중요하다고 생각해요. 저의 힘든 시기를 그 남자가 제 옆에서 함께 견뎌준 것입니다.

더 오래전 이야기를 하나 더 해볼게요. 어느 초가을쯤 제가 열이 심한 감기에 걸렸던 적이 있었습니다. 당시 직장이 먼 관계로 근처에서 혼자 자취를 하는 중에 걸려버린 감기였습니다. 주말이라 쉬면 나을거라는 생각에 계속 누워만 있었는데 열은 더욱 높아졌고 저는 이불로만 꽁꽁 싸매고 있었어요. 아프다는 이야기를 들은 제 남자가 약과 죽을 사 왔는데 제대로 먹었는지 기억도 잘 안 날 정도로 먹고 다시 쓰러져 잔 것 같습니다.

그날 태어나서 가장 많은 땀을 흘렸어요. 연인한테 보여줄 수 없는 몰골이었고요. 그런데도 제가 열이 안 내리고 추워하자 그 남자는 꼭 감싸 안으면서 덜덜 떠는 저를 다독여줬습니다. 한참을 떨다가 잠에서 깼는데 그 남자도 저를 뒤에서 안은 채 지쳐 쓰러져 잠들어 있었어요. 다행히 열은 내렸습니다. 그 남자의 정성 때문이었을까요.

누군가가 나를 위해 이렇게까지 간호를 해준다는 것에 감동 받았고 감사했습니다. 그에게 나의 아픈 몰골은 상관없었어요. 아팠던 제가 그저 걱정되었던 겁니다. 그때 다짐했어요. 저도 그가 아프고 힘들어할 때 그런 사람이 되겠다고요.

혹시 그 남자에게 내 감정의 바닥까지 보여준 적은 있나요? 저는 연애가 항상 행복하기만 한 거는 아니라고 계속 언급했습니다. 그 남자와 심하게 다퉜을 때 내 감정의 바닥은 더욱 가라앉습니다. 그 남자와 갈 때까지 간 싸움에서는 우리 둘 다 감정의 골이 굉장히 깊어집니다. 이때쯤이면 서로의 목소리는 귀담아듣지 않고 목소리 데시벨 대결을 겨루고 있어요. 서로의 화난 얼굴이 누가 더 사악해 보이는지와 함께요.

앞에서도 말했지만 저는 연인과의 싸움은 끝까지 싸워서 해결하는 성향입니다. 끝을 보는 성격에 이런 성격을 진절머리난다고 하며 이별을 고하고 떠난 남자들이 많았어요. 하지만 분명 나와 같이 싸우고 화해하고 사랑할 남자가 있다고 믿었습니다. 그 남자가 지금의 제 남편입니다.

지금의 제 남자도 처음에는 그러지 않았어요. 저에게 맞춰준 거예요. 끝까지 싸웠으며 감정이 격해지고 내 감정의 밑바닥까지 다 보여줬습니다. 드라마에서 나온 것처럼 감정이 격해져 길 한복판에서도 언성을 높이며 싸웠습니다. 그 남자에게 가장 고마운 것은 제가 바닥이라고까지 생각한 감정의 늪을 그냥 지나치지 않았다는 것이에요. 내 이야기를 다 들어주고 같이 싸워준 이 남자라면 내가 무슨 짓을 해도 떠나지 않고 내 곁에 있어줄 거라는 확신이 생겼습니다.

서로의 힘든 상황의 밑바닥과 감정의 밑바닥까지 보고도 진심으로 사랑할 수 있는 커플들이 얼마나 있을까요? 지금 사랑하는 남자와 당신은 그럴 수 있나요? 지금 당신 곁에 있다면 정말 큰 행운이라고 생각해요. 사람은 때때로 내가 아닌 나의 모습을 가지고 있지만 숨기며 살고 있습니다. 그 모습이 보여주기 힘든 모습이고, 부끄럽고 예쁘지 않더라도 그 모습을 있는 그대로 사랑해주는 사람, 내가 사랑할 수 있는 사람이어야 오래오래 사랑할 수 있습니다.

내가 하는 일을 믿어주고 응원해주는 사람

어떤 일을 시작하려고 할 때 오로지 나를 믿고 응원해주는 사람이 있나요? 가족도 내가 하는 일을 뭐든지 밀어주거나 응원하지는 못합니다. 응원은 하더라도 걱정부터 앞서기 마련이죠. 하지만 우리는 압니다. 걱정은 되지만 자신 있게 용기내서 시작한 나의 일이 실패할 수도 있고 성공할 수도 있다는 것을 본인이 더 잘 알 거예요.

어려운 일을 새로 시작했더라도 우리는 응원해주는 사람이 좋습니다. 현실적인 조언은 그다지 필요 없어요. 이미 현실은 어느 정도 알고 있을 테니까요. 응원과 믿음이 필요합니다. 실패나 실수의 감당은 어차피 나의 책임이에요. 나만의 과제인 거죠. 그래도 "너는 잘 할 거야", "잘 될 거야"라는 말이 절대 감언이설 같은 소리가 아님을 알아요. 나를 위해 내가 잘됐으면 해서 하는 응원의 소리입니다. 가장 중요한 것은 나를 믿고, 내 선택을 믿고, 내가 잘할 거라는 믿음인 거죠.

회사에서 직장 상사의 괴롭힘이 심해 회사를 그만둘지 말지를 고민하던 시기가 있었어요. 피폐해진 정신을 가지고 퇴근하는데 제 남자가 저희 집 근처에서 저를 기다리고 있었습니다. 그 사람 눈만 봐도 눈물이 흘러내렸습니다. 아무 말도 하지 않았어요. 그는 다 안다는 듯이 그저 안아줬습니다.

그때 다니던 회사는 대학 다닐 때부터 가고 싶었던 기업이었어요. 그런 줄 알기에 퇴사를 하려 해도 가족과 친구들의 만류가 있었습니다. 어렵게 입사했고, 가고 싶었던 회사가 아니냐고, 좀 더 참아보라고 좀 더 버티면 괜찮아질 거라고요. 제가 안 괜찮은데 말입니다. 저는 그들의 만류에 용기를 낼 수 없었습니다. 그만두고 싶어도 무엇이 맞는 선택인지 몰라 하루하루 고민했어요.

지독한 상사의 차별과 모욕을 참으며 눈물로 하루를 보냈습니다. 말 그대로 정말 겨우 다녔어요. 결국 내 몸과 마음, 정신 모두 지쳐있을 때 제 남자는 주저 없이 퇴사하라고 권유

했어요. 이 정도로 부당한 경우를 겪었더라면 이미 할 만큼은 다했고 충분히 다시 괜찮은 회사에 들어갈 수 있다고요. 회사때문에 주저앉은 제 자존감을 매일 끌어올려주었습니다. 그 남자 덕분에 저는 퇴사에 용기 낼 수 있었고 이후 좋은 조건으로 바로 이직할 기회를 얻었습니다.

그 남자의 응원은 계속되었어요. 재능이라고는 하나도 없다고 생각한 저에게 평소 제가 쓴 편지나 어떤 글들을 보여주면 간결하게 핵심을 잘 뽑아낸다는 칭찬을 항상 해주었습니다. 재능이라고 감히 말할 수는 없지만 지금 이렇게 글을 쓸 수 있는 것도 그가 저의 장점을 찾아주고 용기를 주었기 때문입니다.

저 또한 그 남자의 능력과 미래 가능성을 믿었습니다. 처음에는 그의 능력을 잘 몰랐지만 그래도 계속 믿음을 심었어요. 그리고 점점 능력을 키우며 성장하는 그를 보면서 그 믿음은 더욱 커졌습니다. 그런데 참 신기하게도 그를 향한 제 응원과 믿음이 그의 성장에 어느 정도 영향을 주는 것 같더라고요. 그 남자가 어떠한 노력을 기울였는지 계속 지켜봐서일까요. 그렇게 우리는 각자 무슨 일을 하든 서로에게 의논하고 서로의 능력과 가능성을 믿으며 가족만큼, 때로는 가족보다 더 서로에게 응원하는 사이가 되었습니다.

'칭찬은 고래도 춤추게 한다'는 말을 많이 들어보셨죠? 심리학 용어로는 '피그말리온 효과'라고 합니다. 칭찬 한마디로 누군가를 긍정적으로 변화시킬 수 있다고 해요. 내가 사랑하는 사람이 나에게 진정한 믿음 주면서 칭찬을 해준다면 그 믿음을 통해 잘 해내고 싶은 거예요. 단순히 무조건적인 지지를 말하는 게 아닙니다. '무엇이든지 너는 잘 할 거야'가 아니에요. 현실에 발을 디딜 때, 내 가치를 알아봐주고 현실적인 조언과 함께 믿고 응원해주는 겁니다. 걱정부터 앞선 것과는 차원이 다릅니다.

반대로 나도 그래야 합니다. 사랑하는 남자가 무언가를 새로 시작하려고 한다면 춤추는 고래가 될 수 있도록 칭찬과 용기를 북돋아주는 게 어떨까요?

다인's TMI

춤추는 고래는 술 먹고 춤추는 그 고래가 절대 아닙니다.

믿음이 없다면 사랑도 없다

사랑하는 내 남자를 의심한 적이 있나요? 그 남자가 나를 의심한 적은요? 의심은 한번 시작하면 끝이 없어요. 의심은 의심일 뿐이며 사랑이 아닙니다. 집착이고 구속이에요. 애초에 걱정거리를 만들고 싶지 않다면서 의심하는 사람들이 있습니다. 일어나지도 않은 일에 대해 걱정하는 것만큼 무모한 것은 없어요. 내 멋대로 판단하고 생각을 앞서 하게 되면 이미 생각 속에 그와 실제 내 옆에 있는 그는 분명히 다른 사람입니다.

사랑하면서 왜 안 믿어요? 부모님을 사랑하잖아요. 부모님은 의심의 여지가 없잖아요. 극단적으로 부모님과 비교했지만 서로에게 그런 상대가 되어야 합니다. 무조건적인 믿음의 관계인 거죠. 한 명이라도 믿음이 깨지면 오래 사랑하기 힘들어요. 안 믿겨도 믿도록 노력해야 해요. 믿는 노력도, 믿음도 그에 대한 사랑입니다. 사랑한다면 당장 의심의 불씨를 없애세요.

그의 핸드폰을 보지 말아요. 그 사람의 프라이버시죠. 사랑하는 사이에 무슨 프라이버시냐고요? 사랑할수록 그 사람이 소중하니까 더 지켜줘야 합니다. 사랑할수록 다 알아야 하는 게 절대 아닙니다. 그 남자는 내 소유물이 아니니까요. 반대로 그 남자가 내 핸드폰을 본다고 상상해보세요.

정말 다 보여줄 수 있어요? 나도 그 남자에게 감추고 싶은 무언가가 있지 않나요? 핸드폰은 어차피 내가 모르는 내용이 많을 수밖에 없어요. 연인 사이에 아무리 대화하고 공유한다고 해도 내가 전부 알아야 한다고 생각하는 건 금물입니다. 보는 순간, 내가 모르는 걸 알게 되는 순간 의심의 시작이니까요. 막상 다 꺼내보면 정말 별일도 아닌데도 말이죠.

만약 그 남자가 의심할 거리를 만들고 내 마음을 불안하게 만든다면 진지하게 이야기하세요. 우리 행복한 연애에 불행의 씨앗을 애초에 만들지 말자고요. 의심도 하면 안 되지만 불안하게 만드는 사람도 잘한 건 없습니다. '결혼하면 더 같이 있는 시간이 많으니까 괜찮겠지'라는 생각도 잘못된 거예요. 그런 남자는 결혼한다고, 옆에 더 붙어있다고 달라지지 않아요. 그 자체가 나를 불안하게 만드는 사람이니까요. 이야기했는데도 크게 변화가 없다면 만날 필요가 없지요. 내 마음 편안하게 해주는 것도 배려이고 사랑이에요. 내가 사랑하는 사람을 불안하게 만들어서도 안 되고 나도 불안해하지 않아야 합니다.

"증거를 대봐."

당신은 그 남자에게 증거라는 단어를 위와 같이 말한 적 있나요? 증거를 대라면서 의심한 적 말이에요. 증거라는 말은 범죄자에게 너가 아니라는 증거를 대보라고 할 때 쓰는 단어입니다. 우리는 서로 사랑하는 사이지, 서로 범죄자가 아니잖아요. 누구보다 믿고 의지해야 하는 사이입니다.

그렇지 않다면 어느새 증거를 증명하기 위해 영상 통화하는 서로를 발견할 거예요. 증거라는 단어가 연인 사이에 나오는 순간, 서로의 사랑하는 얼굴을 보려고 했던 영상통화가 이제는 증거자료가 되는 순간 더 이상 연인이 아니에요. 안타깝게도 쫓고 쫓기는 관계가 돼버린 겁니다.

저는 사람을 잘 믿는 편이지만 의심도 정말 많은 편입니다. 초등학교 1학년 때 반 친구가 피아노 건반이 있는 필통을 잃어버렸어요. 그때 당시 값비싼 필통이었던 것으로 기억나요. 저는 의심이 가는 한 친구가 있었습니다. 굉장히 그 필통에 관심을 보였거든요. 의심 가는 친구의 사물함을 열어보니 정말 그 필통이 있었습니다. 아마 그때부터였을까요. 의심 자체가 미리 어떤 불행을 막는다고 합리화시켰던 거 같아요. 제 남자에게도 의심이 정당화가 되더라고요.

저도 제 남자를 처음부터 의심한 건 아니었어요. 갑자기 그가 자리를 비울 때 무언의 촉이 들어서 그의 핸드폰이 궁금한 거예요. 핸드폰 패턴도 서로 다 알고 있었고 나도 떳떳하니까 '이 남자도 나한테 숨기는 게 없겠지, 그래서 핸드폰을 봐도 되겠지' 하면서 핸드폰 잠금을 풀었습니다.

가장 궁금한 게 뭐겠어요? 당연히 메시지죠. 누구와 메시지 하는지 궁금했습니다. 그는 여사친이 거의 없었어요. 1명? 2명? 잘 만나지도 않았죠. 그런데 최근 메시지 목록에 여사친과의 대화가 있는 거예요. 저도 모르게 홀린 듯이 이끌려 그 메시지 창을 띄웠습니다. 내용은 저와의 연애 고민에 관한 대화였어요. 나도 모르는 그 남자의 심리를 봐버렸습니다.

생각보다 긍정적인 내용은 아니더라고요. 고민상담이었으니까요. 화가 났어요. 남자친구의 핸드폰을 마음대로 봤던 잘못은 이미 잊어버린 지 오래됐죠. 그 남자가 돌아왔을 때 저는 솔직하게 말했어요. 핸드폰을 봤다고요. 그 남자, 약간 당황했어요. 뭐를 봤을지 모르니까요. 어쨌든 제가 이야기 꺼낸 거로 보아서는 긍정적인 내용은 아니라는 걸 본인도 직감했을 거예요.

여사친과의 대화를 봤는데 내 얘기를 하는 것 같더라고 말했어요. 그거 그냥 별일 아니라고 그 남자가 넘어가려는 것을 저는 붙들고 늘어졌습니다. 그런 고민이 있으면 바로 나한테 얘기를 해야지, 왜 엄한 여사친한테 내 흉을 보는 거냐고 화를 냈습니다. 제가 핸드폰을 봐놓고 제가 화를 낸 거예요. 그 남자는 나중에 시간을 따로 내서 진지하게 이야기하려던 거였고 여사친한테 미리 상담을 받은 거라고 토로했습니다.

토로할 수는 있는데 저는 그 여사친한테 제 흉을 보는 것 같아 기분이 나빴어요. 저에 대해 부정적으로 말하는 것 같아서 화도 더 났습니다. 좋은 이야기였으면 이렇게 화가 나지는 않았겠죠? 그 사람도 역시 저에게 화나고 실망했습니다. 이런 식으로 자기의 고민을 꺼내려던 대화가 아니었으니까요. 저는 싸우지 않아도 될 일을 기어코 싸움으로 만들었습니다.

감정을 추스르고 그 남자의 이야기를 천천히 들어보니 저도 미안했어요. 그의 핸드폰을 보지 않고 그 남자가 저에 대한 불만을 진지하게 이야기할 시간을 기다렸더라면 싸우지 않았을 거예요. 의심 없이 봤던 핸드폰이 그 남자에 대한 의심과 원망으로 바뀌었습니다. 막상 저는 제 핸드폰을 보면 기분 나빠 할 거면서 말이죠.

저는 당시 깨달았습니다. 그 남자에게 자기를 믿지 못하는 실망감도 안겨줄 수 있다는 걸요. 내가 궁금하다고, 그 남자의 일상을 의심하고, 의심하는 순간 그 사랑도 의심이 되었습니다. 내 의심의 행동이 그 날만큼은 그 남자에게 정신적 폭력이 돼버린 겁니다.

내 남자를 한 번이라도 의심했다면 미안해하세요. 그 남자 마음과 행동을 의심했다면요. 그리고 나 자신에게도 미안해하세요. 의심은 감정 소모의 끝판입니다. 의심하는 내 마음은 얼마나 힘들었겠어요?

뭐가 되더라도 의심을 정당화시키지 말고 합리화하지 말아요. 그 남자를 믿는 것도 사랑입니다. 믿음이 없다면 사랑도 없습니다.

다인's TMI

뭐가 그렇게 의심되고 궁금했을까요? 지금 생각해보면 참 어리석은 짓이었어요.

너의 미래에 내가 있어?

연애하면서 한 번쯤은 이 남자와 결혼하면 어떨까 생각해 본 적이 있을 거예요. 지금 만나는 남자와 결혼을 생각한다면 그 남자와의 미래를 꿈꾸어 봤을 겁니다. 그리고 그 남자 미래에 본인이 있을지 궁금할 거고요.

우선 나부터 그 남자와의 과거, 현재, 미래를 생각해봐요. 연애 초기에는 이 남자가 어땠고, 현재는 어떻고, 미래의 이 남자는 어떨지요. 진지하게 그 남자의 성품, 가능성, 능력 등을 생각하는 거예요. 결혼해도 괜찮은 남자인지요. 간혹 '남자가 결혼하자고 할 때, 그때 하면 되지'라고 생각하는 분이 있는데 그게 아니에요. 가만히 있지 말아요. 결혼하자고 안

할 수도 있잖아요? 언제까지 기다리기만 할 건가요? 더불어 내가 원하는 사람과 결혼해야 하잖아요. 시기와 상대는 당신이 정해야 합니다. 그러니 내가 먼저 생각해봐요.

그 남자와 결혼하고 싶다면 넌지시 내 미래 계획에 그 남자가 있음을 알려줘 보세요. 평소 결혼하고 싶다고 말을 해야 그 남자도 압니다. 먼저 결혼에 대해 말한다고 자존심 상해할 거 없어요. 오히려 이제까지의 연애의 온도가 달라질 수 있습니다. 그전의 연애도 물론 진지했지만 결혼을 염두에 두고 만나는 사람이라면 서로에게 더 집중하려고 할 거예요. 그리고 그런 이야기를 시작해야 그의 의중을 조금이라도 들을 수 있습니다. 그 남자가 이기적으로 본인 미래만 생각하는 거 아닌지 한번 봐야 합니다. 그 남자의 미래에 내가 있는지 알아야 합니다.

철없던 시절, 지금의 남편과 만난 지 얼마 안 됐을때 이 남자가 너무 좋아 먼저 결혼하자고 했어요. 그런데 정말 진심이었습니다. 그때 저는 신입사원이었고 월급도 쥐꼬리였어요. 당시 남자친구는 졸업 학기를 앞둔 대학생이었습니다.

예전에 대부분 그랬듯이 저의 부모님도 월세로 신혼살림을 시작했거든요(다 그런 거는 아니지만요). 그래서 우리도 부모님처럼 월세로 시작하자고 했습니다. 결혼식도 스몰 웨딩으로 돈 들어갈 일이 없다고 하면서요. 내 월급으로 충분히 아껴서 신혼생활 시작할 수 있다고 말했어요.

그때 제 나이 26살이었습니다. 그는 단칼에 거절했어요. 아무런 준비 없이 그렇게 결혼을 하고 싶지 않다면서요. 저는 사랑에 제정신이 아니었고 그는 지극히 현실주의자였습니다. 그 남자 말이 맞죠. 결혼은 현실이니까요. 하지만 그로 인해 진전은 있었어요.

이후 우리는 각자가 생각하는 미래에 대해 서로 나누게 되었습니다. 그 남자의 직업 선택부터 향후 몇 년에 우리가 어디서 살고 싶은지 끊임없이 이야기했습니다. 육아 계획까지요. 내 미래에 그 남자가 있었고, 그 남자의 미래에는 제가 있었어요.

우리는 서로가 고려 대상 1순위였습니다. 각자 본인은 0순위였고 서로를 1순위로 생각하면서 계획을 공유했어요. 그로부터 3년 뒤, 결혼하고 싶은 소망은 정말 현실화가 되었습니다. 지금 생각해보면 무슨 배짱으로 그 남자에게 결혼하자고 했을까요? 그런데 저는 아마 그때로 돌아간다 해도 또 결혼하자고 했을 거예요. 그럼 우리는 또 계획을 짜고 있겠죠?

지금 만나는 남자가 결혼 생각이 애초부터 없는 남자라면, 연애만 하려고 하는 사람이라면 언젠가 끝은 이별일 가능성이 커요. 정 좋으면 연애만 하면 되지 않느냐고 할 수 있어요. 연애만 해도 됩니다. 하지만 내가 결혼을 원한다면 아마 그전보다 연애하는 순간이 불안하게 느껴질 수 있어요. 내가 꿈꾸는 미래에 그는 따라와 주지 않으니까요. 그의 미래에 내가 있을지, 다른 여자가 있을지 모르는 겁니다.

내가 사랑하는 그 남자와 결혼하고 싶은데 이 남자, 비혼주의는 아니지만 지금 당장은 결혼 생각이 없다고 그러네요? 아니 누가 지금 결혼하재요? 내가 듣고 싶은 말은 언제쯤 결혼할 것인지, 어떠한 결혼 생활을 꿈꾸는지 등에 관한 전반적인 결혼에 대한 생각이에요. 내가 결혼할 정도의 여자는 아닌 거라고 직접적으로 말하고 있는 겁니다. 나와는 결혼 생각이 없다는 걸로 느껴져요. 그럼 뭐 시간 낭비할 필요는 없잖아요. 안 그래요?

이지성 작가의 책 《꿈꾸는 다락방》을 보면 '모든 것은 꿈에서 시작되었고, 생생하게 꿈꾸면 이루어진다'는 말이 있습니다. 지금 만나는 남자와 결혼을 생각하고 있다면 그와의 결혼생활을 꿈꾸세요. 그리고 그 꿈을 공유할 수 있도록 말을 꺼내 봐요. 그 대화가 각자의 미래를 계획하는 것과 더불어 우리의 미래를 설계하는 방향으로 바뀌는 걸 볼 수 있습니다. 지금 사랑하는 남자와의 미래를 꿈꿔보시겠어요? 그러고 나서 당신의 남자에게도 물어보세요.

"너의 미래에 내가 있어? (너와 결혼하고 싶어!)"

다인's TMI

결혼을 원하는 여자의 입장을 전제로 쓴 겁니다.
제가 그랬으니까요.

그놈이 그놈이다?
아니다. 그놈은 그놈이 아니다

흔히 '그놈이 그놈이다'라는 말을 들어보셨을 거예요. 보통 '남자는 다 똑같다'며 일맥상통으로 받아들일 수 있습니다. 근데 정말 그럴까요? 남자는 다 거기서 거기일까요?

만약 그놈이 그놈이면 우리는 왜 헤어지고 또다시 새로운 남자를 만나려고 하는 거죠? 그냥 연애하던 사람과 계속 연애하면 되는 거고 결혼도 처음에 만났던 연애 상대랑 하면 되는 거잖아요. 혹시 '이 남자다'라고 확신하지 못했기 때문 아닐까요? 결국 그놈은, 그놈이 아니라는 겁니다.

저는 '그놈이 그놈이다'라는 말은 남자 만나는 게 지쳐서, 연애하는 게 지쳐서 하는 소리라고 생각해요. 어차피 그놈이 그놈이니까 자기 합리화하면서 얼추 조건 맞는 사람과 결혼해도 된다는 것으로 비칩니다.

앞서 저는 계속 말했어요. 연애 경험을 많이 쌓으라고요. 기회가 되면 무조건 많이 만나보라고 했습니다. 그 경험의 데이터를 통해 나만의 남자를 찾으라는 의미입니다. 정말 내 남자가 될 수 있는 지를요. 어영부영 '이 남자도 비슷하겠지'라는 마음으로 남자를 만나서는 안 돼요. 지치면 안 됩니다. 내 남자는 그냥 만나지지 않아요. 그를 검증해보고 나 스스로도 그와 맞는 사람인지를 확인해야 합니다.

내 남자를 찾고 검증하는 일에 열정적인 사람에게만 하늘에서 준비한 듯이 천사를 보내줄 수 있습니다. 운명같은 말 믿지 마세요. 인연은 내가 만들어가는 겁니다. 일생의 한 명뿐인 내 남자를 찾고 싶지 않나요? 여기서 지치면 다른 인생의 고난과 역경은 어떻게 극복할 건가요?

만나보니 남자 다 비슷하다고요? 비슷하다고 느낄 만큼 정말 열정적으로 깊은 연애를 했는지 다시 묻고 싶어요. 어쩌면 당신은 그저 그런 연애를 통해 다 비슷하다 느껴서 지쳤을지도 모릅니다. 열정적인 연애를 하면서 서로에게 특별한 사람이 되는 과정은 절대 비슷할 수가 없어요. 나만의 사람을 찾고 만나는 것은 절대 같은 유형의 사람일 수가 없죠.

그 남자가 내 사람이 될 수 있도록 아니면 내 남자가 될 수 있는지에 대한 당신의 노력이 부족했다고 생각하지는 않나요? 어쩌면 남잔 다 거기서 거기라는 말은 내가 그동안 연애를 정말 거기서 거기만큼 했다는 걸 뜻할 수도 있습니다. 연애는 했지만 그 안에서 내 남자 찾는 것에는 크게 몰두한 것 같지 않습니다. 그렇지 않고서야 그놈이 그놈이라는 느낌이 들 수가 있을까요.

당신이 만남과 헤어짐에 정말로 지쳤다면 혹은 비슷한 유형의 남자와 끝이 좋지 않은 연애를 계속하고 있다면 마지막으로 스스로에 대해 한 번 생각해보세요. 이별에 대해 다시 생각해보고 나를 돌아볼 필요가 있습니다. 헤어짐의 이유는 그 남자가 아니라 나에게 있을 수 있어요. 나랑 맞지 않는 유형의 남자만을 찾는 내 문제일 수도 있습니다.

요새는 결혼 적령기가 따로 정해져 있지 않잖아요. 하지만 흔히 여자는 나이가 차면 스스로를 보채서, 누군가 다그쳐서 본인이 생각하는 남자의 기준이 아닌 사회에서 인정하는 결혼 상대를 만나 결혼하려고 하는 사람이 생각보다 많습니다. 그동안 내가 했던 연애의 데이터는 머릿속에서 다 사라지고 조건과 환경만을 생각하는 겁니다. 역시 대충 조건만 맞춰놓고 '그놈이 그놈이겠지'라는 생각을 하고 있는 거예요. 조금만 더 가면 괜찮은 남자가 있는데 더 이상 노력을 안 하는 거죠.

몇몇 조건만 보지 말고 남자에 대해 모든 것을 고려하세요. 주변에 결혼한 어느 부부를 보면서 '어떻게 저런 남자랑 연애를 하고 결혼까지 했을까'라고 생각한 적이 있습니다. 물론 함부로 판단하면 안 되는 거 알아요. 둘만이 아는 거죠. 그래도 애정이 있으니까 결혼했다고 생각은 합니다. 하지만 그 애정도 크지 않을뿐더러, 조건 맞춰 어느 정도 살면서 '이게 결혼이겠지'라고 생각하시는 분들이 정말로 많습니다. 하지만 그렇지 않습니다. 심지어 사랑도 아니고 조건만 보고 결혼한 부부는 더 심하겠죠?

내 남자가 내 인생이 되지는 않겠지만, 평생 함께할 동반자를 어떻게 부족한 사랑임에도, 조건만 보고 결혼을 할까요? 인생은 어떻게 될지도 모르고 그 남자의 조건이 사라진다면 헤어질 건가요? 조건이 없어져도 극복하고 행복할 수 있는 내 남자랑 결혼해야 합니다. 그렇지 않다면 차라리 혼자 사는 게 낫습니다.

집안끼리 신분에 맞춰 결혼하는 조선 시대가 아닙니다.

선이나 중매결혼하는 시대도 아주 옛날 말이죠. 부모님의 반대를 무릅쓰더라도 내가 원하는 사람과 결혼할 수 있는 시대잖아요. 스스로 내 남자를 선택할 수 있는 삶을 살 수 있는 시대입니다. 그런 시대가 주어졌는데도 왜 내 남자 찾는 일을 그리 중요하게 생각하고 있지 않을까요?

내가 어떤 유형의 남자를 좋아하고 어떤 성향의 사람과 만나야 잘 맞고 잘 살 수 있는지는 내가 가장 잘 알아요. 내가 좋아하는 이성상이, 나만의 데이터가 있잖아요. 한 남자와 결혼에 대해 생각하고 있다면 이 모든 데이터를 가지고 검증하고 또 검증해야 합니다.

그놈은 그놈이 절대 아닙니다. 내가 사랑하고 나를 사랑하는 내 남자는 반드시 있어요. 절대 비슷한 남자는 없습니다. 그리고 비슷하다고 해서 정말 아무나 만날 거 아니잖아요? 반드시 나만의 남자를 찾아서 결혼까지 골인하시기 바랍니다.

다인's TMI

제 경험으로는 절대 그놈은 그놈이 아니었습니다.

5

결혼 사전 체크_

결혼은 현실이다

혼전 동거 괜찮을까?

저는 동거든 혼전 동거든 찬성하는 입장입니다. 설마 너는 안 겪어보고 결혼한 거 아니냐고 반문할 수 있는데 다 경험했습니다. 연애 당시 동거 비슷하게 몇 개월 살아보고, 결혼을 전제로 동거도 해보고 지금은 결혼생활도 하고 있으니까요. 물론 이 모든 것은 한 남자와의 이야기입니다.

원래 저는 결혼에 대해서는 사랑하는 남자와 함께하는 행복도 있겠지만 기본적으로 여자가 희생하는 부분이 많을 거라 여겨 부정적인 부분도 없지 않아 있었어요. 동거는 결혼에 대한 저의 부정적인 생각을 완전히 긍정적으로 바꿔준 계기가 되었습니다.

연애한 지 2년이 다 돼갈 무렵이었어요. 제가 지방에 있는 직장으로 이직했기 때문에 회사 셔틀버스가 다니는 곳의 근처 자취방을 알아보았습니다. 당시 남자친구는 다니는 대학교 근처 오피스텔에서 자취를 했었는데 그 오피스텔과 제 회사 셔틀버스 정류장이 마침 가까이 있었어요. 따라서 저도 그 근처로 원룸을 하나 얻었습니다.

부모님도 남자친구 집과 멀지 않다는 걸 아셨고 든든해하셨어요. 딸이 혼자 있는 게 걱정되셨을 겁니다. 남자친구 집이 더 넓어서 데이트는 거의 남자친구 집에서 했습니다. 평일에 제 집도 가긴 했지만 어느새 남자친구 집에 있는 날이 많아져 우리는 거의 동거를 시작한 셈이었어요.

6개월 정도밖에 같이 안 지냈지만 결론은 행복했습니다. 이후 회사를 퇴사하면서 다시 본가로 들어갔는데 남자친구와의 생활은 생각보다 익숙해져 있더라고요.

안 싸웠냐고요? 이쯤 되면 제 성격 모두 아실 것 같아요. 엄청 싸웠죠. 서운한 것도 많았고요. 아직도 기억나는 게 있는데 맥주 캔 사건이에요. 맥주 캔을 여기다 두면 분명히 엎어져서 흘릴 거라고 그 남자가 말했는데 제가 말을 듣지 않아 결국 맥주 캔을 엎었습니다. 일부러 그런 게 아니라 제 나름에 생각이 있었거든요.

그런데 생각보다 엄청 화를 내는 거예요. 저도 그게 그렇게 잘못한 거냐고, 닦으면 되는 거 아니냐고, 이렇게까지 화낼 일이냐고 화를 냈어요. 저도 나름 서운했던 거죠.

돌이켜보니 분명히 주의를 줬는데 제가 그 말을 섬세하게 듣지 않고, 잘못을 하고도 너무 당당했던 게 화를 불렀던 겁니다. 아직도 그가 화내는 모습이 생생해요. 우리 동거의 첫 싸움이었습니다.

같이 살면서 가장 피부로 와닿는 게 있었어요. 생활하는데 있어서 각자 무엇을 중시하는지를 직관적으로 알게 되더라고요. 데이트할 때는 전혀 몰랐던 사실이었습니다. 기본 생활 루틴, 소비 습관을 알 수 있어요.

예를 들면 전날 술을 아무리 많이 마셔도 이 남자는 책임감 있게 다음날 학교 수업이나 자격증 시험, 회사를 꼭 간다는 사실을요. 저는 그러지 못하는 성격이거든요. 그래서 중요한 일이 있으면 전날 절대 몸이 피곤한 일을 안 해요. 의지가 약하기 때문이에요. 이외에도 연애할 때 그 남자의 성격과 생활 모습을 다 안다고 생각했었는데 같이 살면서 새롭게 알게된 사실이 많았습니다.

그 남자는 주로 요리하는 걸 좋아했고 저는 요리보다는

청소하는 걸 좋아했습니다. 부모님과 살 때는 부모님이 해주셔서 제가 청소를 좋아한다는 사실도 몰랐어요. 이렇게 같이 살다 보니 알게 되더라고요. 그 남자가 요리를 하면 옆에서 바로 설거지를 했어요. 그 남자가 빨래를 돌리고 빨래를 널면 저는 마지막으로 가지런히 갰어요. 그 남자가 주로 무언가 일을 벌이면 저는 정리하는 방식이었습니다.

이때 같이 살면서 결혼 생각을 많이 했어요. 결혼을 전제로 동거했던 게 아니었음에도 말이죠. 이렇게 맞춰가면서 이 남자와 평생 잘 살 수 있을 것 같았습니다. 제가 그 남자에게 맞추고, 그 남자가 저에게 맞춰주고 결국 서로가 맞춰지는 게 신기했어요.

그동안 저에게 맞춰주기만 한 부모님과 살다가 한 사람에 대해 양보하고 맞춘다는 게 처음에는 힘들었지만 점차 맞아가는 희열을 느꼈고, 서로 배려하고 이해하려고 노력했던 결실을 봤다고 생각합니다. 맞추는 게 배려고 사랑임을 깨달았습니다. 그가 있는 집에 들어가면 세상에 우리만 존재하는 기분이 들었습니다. 내 평범한 하루의 시작과 끝을 그 남자와 함께 해서 행복했습니다.

더불어 연애하면서 몰랐던 그의 투정부리는 모습을 봤고, 제가 그렇게 짜증이 많은 사람인 줄도 이때 알았습니다. 나에 대해 새로 알게 되었고, 그 남자에 대해 다시 배웠습니다.

반대로 혼전 동거를 반대하는 지인의 의견을 들어봤어요. 상대가 이전에 두 번, 세 번 동거했었다고 상상하면 싫다는 것이었습니다. 그런데 그건 동거 자체를 부정적으로 보기 때문이라 생각합니다. 같이 사는 것의 장점을 알게 되면 그렇게 말 못 할 거예요. 경험해보지 않은 부분이잖아요.

사회 시선이 여자가 손해라고 하는데 잘못된 시선이라 생각합니다. 지금 시대가 어느 시대인데 여자만 손해인 게 어딨어요? 함께 사는 거잖아요. 둘 다 손해도 아닙니다. 손해이면 둘 다 손해겠지요. 같이 살아보는 것도 인생 경험이고 과거일 뿐입니다. 설사 동거하다 헤어졌어도 그들이 선택한 거예요. 그들의 인생입니다. 그들의 인생에 왈가왈부할 시간에 본인들의 인생이나 돌보면서 잘 살라고 하고 싶네요.

제가 생각한 혼전 동거의 장점들을 생각해봤습니다. 우선 사랑하는 사람과 함께하는 시간이 많아져요. 시간이 많다 보니 그 남자의 진짜 모습, 나의 진짜 모습을 보게 됩니다. 아무리 연애할 때 내 모습을 많이 감췄더라도 감춰지지 않아요. 금세 나의 모습, 그의 모습이 나옵니다.

신혼 생활을 먼저 겪을 수 있어요. 따라서 그 남자와의 결혼 생활을 예측할 수 있습니다. 솔직히 100퍼센트 맞는 커플은 없어요. 전부 안 맞을 수도 있죠. 대신 상대에 따라 맞춰가는 방법을 배웁니다.

우리는 서로 맞춰갈 수 있어요. 내 고집만 부리면 내 사람이 상처받을 수 있다는 것도 알게 됩니다. 가사 노동의 배분을 배우게 됩니다. 어쩔 수 없는 것도 알게 되고 이렇게 사소한 걸로도 부딪칠 수 있다는 사실도 배웁니다. 데이트 비용과 생활비를 절약할 수 있어요. 같이 합쳐지니까요. 그 남자가 주로 어디에 돈을 쓰는지도 알 수 있습니다.

이혼을 예방하기 위해 미리 살아본다고들 합니다. 가능하다고 생각해요. 한쪽의 생활 방식이 너무 이기적이고 맞추려는 노력을 전혀 하지 않는다면 걸러낼 수 있어요. 진짜 아닌 사람은 동거로 밝혀질 수도 있습니다. 속이고 살 수는 없기 때문이에요.

단점도 생각해봤습니다. 가장 먼저 반대하는 부모님의 걱정입니다. 아무래도 시대가 시대인 만큼 이해 못 하시는 부모님들도 꽤 많습니다. 내 딸이니까 여자가 손해 볼 수 있다는 불안감, 소문이라도 나서 혼삿길 막는 불안감 등 사회

적 시선이 있으신 거죠. 혼자만의 시간이 중요한 사람은 그렇지 않은 사람과 살 때 불편함을 느낄 수 있어요. 한쪽은 서운할 수 있고요. 하지만 맞춰가면 된다고 생각합니다. 사회적 시선은 내가 그 남자를 사랑하고 확신이 있고 삶의 주체성이 강한 사람이라면 별로 중요하게 생각하지 않을 것 같고요.

마지막으로 저처럼 같이 살다가 부모님 집으로 다시 돌아가게 되는 경우가 있어요. 그동안 남자친구와 맞춰놨던 생활 방식이 다시 리셋이 되어 오히려 본가에서 사는 게 불편하더라고요. 그리고 그 남자가 더 보고 싶어져요.

제가 생각하는 혼전 동거의 장점과 단점을 보고 어떤 생각이 드세요? 제 방식대로 나열해봤지만 결국 동거라는 단어를 떠올릴 때 사회적 시선, 부모님의 걱정 말고는 단점이 없다고 생각합니다. 그렇다고 지금 동거를 적극 권유하고 있는 건 아닙니다. 어떤 선택이든 본인이 인생을 만들어나가면 됩니다. 각자의 마음가짐이에요.

혹시 동거에 대한 생각이 긍정적인데 사회적 시선이 부담스러워서 시작을 못 하는 분들에게는 권하고 싶습니다. 결국 남들의 시선때문에 내가 확신을 가진 남자와 주체적으로 살지 못하는 거 아닌가요? 무엇을 선택하든 서로에 대한 책임감을 함께 가지고 시작한다면 문제 될 것은 없습니다.

혼전 동거? 괜찮습니다. 망설이고 있다면 하셔도 좋아요.

다인's TMI

부모님은 제가 남자친구 집에 왔다갔다 해도 크게 걱정하지 않으셨습니다. 저를 믿으셨으니까요. 그런데 그 남자와 결혼 안 했더라면 쫓아가서 멱살을 잡았을 거라고 하네요. 다행히 제 남편의 멱살은 잘 보존됐습니다.

그 남자의 현재, 그리고 미래는?

당신은 현재 당신의 남자와 행복하게 연애를 하고 있습니다. 이대로 쭉 만난다면 결혼도 할 것 같다는 막연한 추측을 해보기도 합니다. 그러던 어느 날 갑자기 그 남자가 결혼하자고 하네요? 당신은 순간 고민을 합니다. 그 남자, 나를 사랑하는 마음은 뚜렷한데, 미래가 뚜렷해 보이지 않아요. 어떡할 건가요?

그 남자의 사랑하는 마음은 충분히 알아요. 사랑하는 마음으로도 물론 결혼할 수 있습니다. 모아둔 자금도 없다고 가정해볼게요. 하지만 이것만은 있어야 한다고 생각합니다. 그 남자 지금 본업이 있나요? 그 남자의 목표를 알고 있나요?

그리고 미래의 목표가 뚜렷한 사람인가요?

현재가 불만족스러운 상황이라도 본인의 미래에 확신이 있는 사람인지 묻고 싶습니다. 불만족스러운 상황이어도 긍정적인 미래를 꿈꾸는지 말이에요. 그 남자의 목표를 당신이 익히 들어 알고 있다면 다행이에요. 하지만 그 남자의 미래가 예측이 안 된다면 결혼에 대해 다시 한번 고민해보라고 말해주고 싶습니다.

사람이 각자 기대하는 미래는 다르겠지만 적어도 현재 본업이 있고, 본인 커리어에 목표 지향적인 사람인지를 봐야 합니다. 본인의 미래를 꿈꾸지도 못하고, 확신하지도 못하면서 우리 결혼의 미래만을 꿈꾼다는 것은 모순으로 보여요. 개인의 미래에 책임감이 있는 사람이 가정의 책임감도 이어갈 수 있습니다.

앞으로의 계획이 있는 사람이야말로 함께 가정을 이끌 자격이 있다고 봅니다. 본업은 기본입니다. 기본에 더해져 미래의 커리어를 어떻게 쌓아나갈 수 있는지를 당신에게 명확히 말할 수 있는 사람이어야 해요. 본인만의 비전 말이죠.

하고자 하는 것이 명확한 사람은 구체적인 계획이 있을 것이고, 설사 그 계획이 틀어진다고 해도 변화에 능동적으로 대처할 수 있다고 여겨집니다. 그리고 그 미래를 그려나 갈 수 있는 자신감을 당신에게도 심어줄 수 있습니다. 나에게 주는 긍정적인 자신감과 더불어 이 사람과 함께 한다면 어떤 고난도 이겨낼 수 있다는 마음도 생기게 되죠. 그러한 믿음이 생기면 함께 꿈꿀 미래가 궁금해지고 설렐 거예요.

모든 것을 받아들여야 진짜 사랑이 아니냐고 반박을 하는 사람이 있을 수 있어요. 굳이 그 남자의 비전까지 뜯어보고 명확한 것을 들어야 하는 것은 그 남자에게 가혹한 것 아니냐고 할 수도 있습니다. 우리는 지금 사랑을 이루는 게 목표가 아니에요. 사랑은 기본입니다. 사랑만으로 살 수 없다는 말 많이 들어보지 않았나요? 사랑만으로 결혼한 사람들이 잘못되었고 불행한 삶을 살고 있다고 말하는 게 아닙니다. 그렇다고 지금 금전적인 부분만을 말하는 것도 아니에요. 지금 당장 본업이 없어 수입이 없는 상태이면 안 된다는 겁니다. 본업은 기본이고 그걸 발전시킬 목표가 있거나 앞으로의 미래에 대한 계획이 있는 사람이어야 합니다. 당신도 마찬가지고요. 자기 일에 열정적이고 큰 꿈은 아니더라도 미래 목표가 있는 사람을 만나라는 겁니다.

그렇지 않다면 그 남자에게 솔직하게 말하세요. 우리의

결혼생활을 꿈꾸는 게 우선이 아니라 각자 개개인의 미래부터 먼저 세우자고요. 개인의 성장과 목표가 둘이 함께 했을 때 더 커질 수 있다고요. 조금 더 기다렸다가 결혼해도 충분히 늦지 않습니다.

기업에서도 자기소개서나 면접에서 단골 질문이 있죠.

'10년 후 나의 모습은?'

질문의 요지는 다들 아시는 것처럼 기업 안에서 어떻게 커리어를 관리하고, 목표 달성을 위한 세부적인 계획은 무엇인지 파악하기 위함입니다. 결국 회사에서도 어떻게 이 사람이 성장할 것인가에 대해 묻는 거죠.

결혼도 크게 다르지 않습니다. 하물며 회사는 퇴사도 할 수 있고, 이직이라도 할 수 있어요. 결혼은 평생 동안 인생의 여정을 함께할 사람인데 그 정도는 기본으로 알고 시작하는 게 좋지 않을까요? 당신은 미래 목표가 있는 사람과, 없는 사람 중 누가 더 신뢰가 가고 당신과의 긍정적인 미래를 꿈꾸게 한다고 생각하시나요?

너의 재정 상태가 궁금해!

나와 결혼하려는 그 남자, 돈을 주로 어디에 쓰는지 알고 있나요? 단편적인 모습 말고 사치가 심한지, 쓸데없는 것에 돈을 쓰지는 않는지 그 남자의 소비습관을 파악해야 합니다. 쓸데없는 것이란 개인마다 다르겠지만 지금의 소비가 미래에 결혼 후 소비로 바로 직결되거든요. 사치라도 본인이 감당할 정도인지, 분수에 맞는 소비를 하고 있는지 눈여겨봐야 합니다. 혹시 내 기준에서 봤을 때 사치의 정도가 심하다면 우리의 미래를 위해서라도 그 사치를 잠시 접어달라고 했을 때, 그 말이 통하는 사람이어야 해요.

정말 필요한 건지, 원하는 건지 구별을 잘 할 수 있어야 합니다. 자기가 원하는 것 하나만큼의 소비를 포기할 수 있는 사람인지도 따져보세요. 소비도 중독이며 자제가 안 되는 사람이라면 내 결혼 생활의 재정 문제만큼에 있어서 다툼의 여지가 있을 수 있습니다.

어떤 가치관을 중점에 두고 소비하는지도 서로 맞으면 좋겠지요? 하지만 충분히 다를 수밖에 없어요. 소비 가치관이 맞지 않다면 협상을 위한 대화가 통하는 사람이어야겠죠?

제 남자와 저는 소비 공통점이 있었습니다. 명품에 돈 쓰는 것을 굉장히 아깝게 생각하는 겁니다. 남편이 저와 결혼을 생각하려고 할 때 긍정적이었던 부분 중에 하나라고 나중에 말하더군요. 명품은 실질적 자신이 아닐뿐더러 명품 사는 것을 좋아하면 큰돈이 자주 나가게 될 테니까요. 쓰자마자 없어지는 소비재일 뿐이라는 생각이 서로 맞았던 겁니다.

우습게도 20대 때는 내 몸이 명품이라는 생각을 가져서 명품은 더욱 필요 없다고 생각했어요. 근거 없는 자신감이 이렇게 사치를 하지 않게 된 긍정적인 소비습관을 가지게 된 겁니다. 또 가장 크게 통했던 점은 먹는 데에는 돈을 아끼지 않는다는 거예요. 먹는 게 남는다는 신조를 가지고 있고 내 속을 좋은 걸로 채워야 한다는 입장이었습니다. 겉을 좋은 걸로 치장하는 것보다는 맛있게 함께 먹는 식사가 큰 행복이라는 것이 공통된 가치관이었어요. 이런 소비의 가치관이 맞았던 점이 결혼을 생각보다 일찍 앞당길 수 있었던 이유가 되었습니다.

혹시 그 남자의 통장 잔고 알고 있나요? 결혼 전에 반드시 내 남자의 통장 잔고를 알고 시작하세요. 물론 당신의 통장 잔고도 보여줘야 합니다. 서로의 재정을 알아야 미래 재정을 계획할 수 있어요. 각자 관리할 거라서 통장 잔고를 공유 안 하고 시작하는 커플들이 의외로 많습니다. 각자의 소비는 존중하더라도 통장 잔고 정도는 알고 있어야 합니다. 이제는 혼자가 아니잖아요. 앞으로 자녀 계획이 있을 것이고, 노후 계획도 세워야 하지 않을까요?

통장 잔고와 더불어 대출금도 있는지 확인해야 합니다. 예전에 어느 '맘카페'에서 남편이 결혼 전에 돈을 얼마나 모았냐는 질문이 쓰여 있는 게시물을 보게 됐습니다. 질문자의 남편은 결혼 준비가 다 되어 있다며 본인을 꼬셔서 결혼 약속을 했다 하더라고요. 그런데 남편의 통장 잔고를 까놓고 보니 카드 할부금만 300만 원이 있었다는 거예요. 다행히 집은 여자 쪽에서 전세자금을 마련하여 결혼은 예정대로 할 수 있었다고 합니다.

저는 내용도 내용이지만 내용에 달린 66개의 댓글이 너무 놀라웠어요. 3천만 원, 5천만 원이 든 마이너스 통장을 가지고 와서 결혼하자는 남자들이 꽤 많았기 때문입니다. 결혼자금이 3천만 원 있는 것도 솔직히 빠듯할 텐데 말이죠. 그런데 더 놀라운 것은 이 사실을 모르고 결혼했다는 여자들이 많았다는 거예요. 왜 이런 걸 확인 안 하고 결혼했는지 정말 이해가 안 갔습니다.

대출금이 있는지 알고 시작하는 것과 모르다가 나중에 아는 것은 정말 천지 차이에요. 미리 알았더라면 시작을 안 할 기회가 있었잖아요. 자금이 많이 부족하다면 미룰 기회가 있었잖아요. 결혼하기 전에 나의 대출금, 그 남자의 대출금이 있다면 공유하고 결혼 생활에 있어서 어떻게 갚아나가야 할지, 같이 갚아나갈 수 있는지를 냉정하게 판단해야 합니다. 자칫 잘못하면 사기 결혼을 당할 수도 있습니다.

저의 부끄러운 과거 소비습관 에피소드를 용기 내어 덧붙여봅니다. 직장 생활을 시작하자마자 신용카드를 만들었습니다. 진짜 어른이 된 기분이었어요. 하지만 그때부터 신용카드의 악몽은 시작되었습니다. 할부의 개념을 알아버린 거예요. 3개월을 나눠 무이자로 낼 수 있다는 게 이득이라 생각했습니다. 돈을 적게 쓰는 것처럼 보였고요. 매달 5만 원을 초과하는 소비일 때 무조건 할부를 했어요.

신용카드를 사용한 지 1년 정도 넘었을 때 카드값이 월급을 초과하기 시작하더라고요. 당장 쓸 생활비가 카드값으로 빠져나가니까 없는 거예요. 당황스러웠지만 이제라도 아끼면 된다고 낙관적으로 생각했습니다. 하지만 점차 신용대출까지 알아보는 제 모습이 한심했고, 인생을 잘못 살고 있는 느낌이 들었습니다. 결국 내 남자에게 재정적으로 힘들다고 털어놨어요.

그 남자는 당장 할부를 끊으라고 정말 강하게 이야기했습니다. 할부를 하면 당장 돈은 적게 나갈지 모르지만, 다음 달, 다다음 달 다른 할부금과 누적되어 한 달에 얼마큼 쓰는지 모르게 된다고요. 그리고 돈을 적게 쓰는 느낌이 들어 물건을 더 많이 사게 된다고도 덧붙였습니다. 그런데 쉽지 않았어요. 필수적으로 소비하는 게 있었기 때문이에요. 사치는 부리지 않았지만 적은 월급으로 데이트 비용을 충당하고 이것저것 빠져나가는 게 많았습니다.

그래도 그의 말대로 할부를 끊고 6개월 정도 최소 생활을 하며 친구도 만나지 않았어요. 그 기간 동안 남자친구가 데이트 비용을 다 댔습니다. 효과는 점차 나타났고 드디어 할부라는 늪에서 빠져나왔습니다. 그 늪에서 꺼내준 건 제 남자였어요. 할부를 끊고 보니 정말 한 달에 얼마나 쓰는지 눈에 보였고 계획을 세워 달마다 백만 원씩 적금을 들 수 있었습니다. 적금은 다른 사람 얘기인 줄 알았는데 훗날 저의 소박한 결혼자금이 될 수 있었어요.

할부의 늪에서 벗어날 수 있었던 것은 제 남자가 저의 소비를 공유해주면서 가장 가까이에서 제 잘못된 소비습관을 바로잡아준 덕분이에요. 만일 제가 할부를 끊지 못했더라면 지금의 이 남자와 결혼하지 못했을 거란 생각도 가끔 합니다. 결혼자금도 당연히 못 모았겠죠. 다시 생각해봐도 아찔해요. 지금도 그때 데인 경험으로 할부는 당연히 하지 않고 꼭 필요한 소비만 할 수 있도록 습관을 유지하고 있습니다.

만약 지금 만나는 남자와 결혼을 생각한다면 눈에 쌍심지를 켜고 그 남자의 재정에 관심을 가지세요. 돈은 정말 어디에 쓰고 있는지, 사치가 심한 것은 아닌지, 잔고는 얼마나 있는지, 대출금은 있는지 등 재정에 관해 진지하게 이야기하는 시간을 가져야 합니다. 아무리 많이 벌고 있다 하더라도 사치가 심하고, 벌어 놓은 자산도 없으며, 대출금도 있는 경우라면 어디로 시작점을 잡아야 할지 함께 깊은 고민을 해야 합니다. 당신도 마찬가지고요.

어디서 시작하는 것보다 지금 얼마큼 있고 어떻게 돈을 쓰고 있는지가 더 중요한 문제입니다. 결혼자금이 부족하다는 것에 초점을 두자는 말이 아니에요. 자금의 시작점을 어디로 잡아야 하는 지 객관적으로 당신의 남자와 함께 의견을 나누어야 한다는 것입니다. 지금 소비하는 습관이 결혼 생활에 그대로 이어질 거예요. 서로의 재정을 반드시 공유하세요. 약점을 드러내는 것도 결혼 생활이며 이 약점이 결혼의 현실을 좌지우지할 수 있습니다.

아파트? 빌라?
어디에서 시작할 것인가?

혹시 지금 결혼을 생각하고 있는데 결혼자금이 부족하다고 판단해 결혼을 미루고 있나요?

요즘 아파트 매매, 전셋값이 치솟아서 결혼을 미루고, 포기하는 커플들이 많습니다. 정말 많이 오르긴 했어요. 그래도 결혼하는 커플들이 있습니다. 그 사람들은 금수저라서, 결혼자금을 많이 벌어놔서 결혼을 했을까요? 그런 커플들도 있겠지만 제 주변을 둘러보면 그렇지 않은 신혼부부들이 더 많습니다. 결혼의 시작을 모두 갖춰진 집에서 시작해야 한다는 생각을 안 하기 때문이에요.

완벽한 집을 원하는 커플들에게 말하고 싶어요. 가장 먼저 결혼의 본질이 무엇인지 생각해 보라고요. 사랑하는 사람과 한 가정을 꾸려 알콩달콩 잘 사는 거 아닌가요?

자금이 부족해서 결혼을 미루고 있다면 혼자보다는 둘이 경제적 자립이 수월하다고 생각합니다. 같이 살면 둘의 자금이 합쳐지고 월급이 합쳐져 혼자보다는 빠르게 목돈을 만들 수 있어요.

좋은 위치, 아파트, 넓은 평수, 자가라는 조건을 다 갖춰야 한다고 생각하나요? 그런 집이 마련될 때까지 기다린다면 평생 혼자 살게 될 확률이 높습니다. 모든 걸 다 갖춰놓고 시작해도 어차피 완벽하지 않아요.

그러면 집도 해결되지 않은 상태에서 결혼을 시작하면 다른 문제까지 생겨 더 힘든 거 아니냐고 반문할 수도 있습니다. 그런 뜻이 아닙니다. 집보다 더 중요한 요소가 많다는 뜻이에요. 시작하는 집에 너무 에너지를 쏟지 말자는 겁니다. 어차피 원하는 집은 단기간에 처리할 수 없는 문제 아닌가요? 장기 플랜을 잡아두고 시작해야 합니다. 집에 대한 욕심과 부담을 조금 내려놓으면 그 남자와 함께 살아가는 행복을 더 느낄 수 있습니다.

처음부터 완벽한 집과 완전한 결혼생활은 없습니다. 완벽하게 갖춰놓고 시작하면 물론 좋지요. 하지만 황금수저가 아닌 이상 그럴 수 없잖아요. 제가 경제 쪽은 잘 몰라서 정확히 어떻다고 말을 할 수는 없지만 이것만은 확실히 알아요. 우리는 앞으로 미래가 있는 사람들이잖아요. 우리 둘이 확실히 같이 살 의지가 있으면 충분히 부족하게 시작하더라도 채워나갈 수 있다고 믿습니다.

집 때문에 결혼을 미루거나 안 하는 커플들을 보면 가진 것에 맞출 생각이 없고 집에 대한 목표가 높은 커플들이 많습니다. 가진 것에 맞추지 못하고, 사회적 시선에 맞추고 있는지도 모르죠. 내려놓고 봤을 때 지금 가진 걸로만 해서 살 수 있지 않을까요? 어디에 있든 일단 우리 둘만 생각해봐요. 남의 인생에 훈수 두는 사람들은 제쳐 두면 편할 겁니다. 내가 사랑하는 사람을 두고 그 사람들 앞에서 너무 각을 재고 있었던 것은 혹시 아니었을까요?

전셋값도 치솟는 마당에 무슨 뚱딴지같은 소리냐고 들릴 수 있어요. 하지만 주위에 결혼하는 커플들은 분명히 있습니다. 그들은 다들 어떻게 하는지 지켜보세요. 다 만족할 수 없다는 것을 깨닫고 몇 가지는 포기하면서 시작합니다. 저도 그랬습니다.

포기할 것을 포기하면 시작할 수 있습니다. 부족하더라도 앞으로 채워나가면 됩니다. 부족한 것을 알고 있는 것만으로도 충분해요. 그 마인드면 시작해도 됩니다. 그렇다면 무엇을 포기해야 할까요? 저희 부부의 경우 결혼할 당시 신혼집 조건이 다음 다섯 가지로 추려졌습니다.

- 서울
- 역세권
- 아파트
- 평수
- 자가

하지만 저 다섯 가지 조건을 만족시키려 했다면 지금 사랑하는 이 남자와 절대 결혼을 못 했을 거예요. 하지만 저희는 중요하게 여기는 것만 생각하고 나머지는 포기했습니다. 지하철을 타고 출퇴근을 해야 해서 역세권은 포기 못 했어요. 서울이 아니어도 좋았어요. 뚜벅이 인생이 익숙해져 대중교통으로 출퇴근 왕복 2시간 반까지도 괜찮다고 여겼으니까요.

대신에 자가였으면 좋겠다고 생각했죠. '서울, 아파트, 평수'는 다 포기할 수 있어도, '역세권과 자가'는 포기 못 했습니다. 저는 잦은 이동, 정해져 있는 계약 기간을 굉장히 싫어합니다. 아무리 좁고 불편하더라도 우리의 공간에서 기간 생각 안 하고 편안하게 생활하고 싶었습니다. 게다가 내 집도 아닌 곳에 살림살이를 늘어놓은 채 살고 싶지 않았어요.

그래서 결혼 전에 경기도 역세권에 있는 아파트에 딸린 1.5룸 오피스텔 분양권을 매입했습니다. 이미 만들어진 것은 가격이 너무 올랐기 때문에 분양권을 매입했어요. 그 정도 가격이면 아파트 전셋집에 들어갈 수 있는 거 아니냐고 하겠지만 당시 분양권의 가격을 생각하면 그렇지도 않았습니다. 그리고 전세는 싫었고요. 대신 역세권이고 아파트에 딸린 오피스텔이라 오를 것을 염두에 두고 분양권을 샀던 겁니다.

오피스텔의 또 다른 장점은 식탁, 냉장고, 세탁기 등이 이미 구비되어 있다는 거예요. 우리는 소파, 침대, 화장대, TV 정도만 구매했습니다. 쓸데없이 살림살이에 돈 쓰는 걸 싫어하는 우리에게는 안성맞춤이었어요. 정말 우리가 할 수 있는 범위에서 시작해 우리에게는 완벽한 집이라고 생각했습니다.

주변에서 왜 오피스텔에서 시작하냐, 둘이 살기 좁지 않냐고 우려하는 시선들도 많았습니다. 근데 우리만 좋으면 됐지 왜요? 우리가 여기서 시작하는 데 뭐 보태줄 거 있냐고 말해주고 싶었지만 말할 필요가 없었습니다. 그들은 머릿속으로 사랑하는 사람과 같이 사는 것보다 어디에서 시작하는 것 자체가 더 중요하다고 생각하기 때문이에요.

다만 계획을 세웠습니다. 아기가 태어날 때쯤이면 아파트를 매매해서 가자고요. 자녀 계획은 결혼 당시 향후 5년 뒤였으니까요. 지금은 그 계획을 달성해 신축 아파트에 살고 있습니다. 어떻게 달성했냐고요? 오피스텔의 분양권을 매입한 경험에서 우러나왔습니다. 그 오피스텔의 가격이 올랐기 때문이에요. 미래를 보면 이미 세워진 아파트는 너무 비싸서 사지 못할 것 같았어요. 오를 것의 가치도 생각해서 경기도의 한 아파트 분양권을 매입하자는 결정을 내렸습니다. 대출도 물론 있었지만 우리는 여기에서 평생 살 것을 다짐하며 입주했습니다. 제가 하는 방식이 전부 맞다고 말하는 게 아닙니다.

다만, 몇 개는 포기하며 시작해도 충분히 행복할 수 있다고 말하는 겁니다. 결혼의 본질을 생각하지 않고 호화스러운 신혼만을 생각해서 시작하려고 한다면 결혼의 시작은 어렵습니다. 완벽한 결혼 생활을 꿈꾸는 그 마음은 충분히 이해는 돼요. 하지만 완벽히 갖춰놓고 시작해도 불완전한 게 결혼 생활입니다. 어디서 시작해야 된다는 부담을 내려놓으세요, 포기할 것은 포기하고, 중요하게 여기는 한두 개의 조건을 맞춰서 사랑하는 사람과 달달한 결혼 생활을 시작하는 게 어떨까요? 부족한 부분을 함께 채워가면서 늘려가는 기쁨을 느끼는 것도 큰 행복입니다.

다인's TMI

저희는 원룸에서도 함께 지냈던 적이 있었기 때문에 오히려 1.5룸의 신혼집은 궁전 같았습니다. 그래서 시작하는 평수는 더더욱 상관이 없었어요.

가사노동을 나의 일이라고 생각하는 남자

지금 남편이 연애할 때와 다르다고 느끼는 경우가 결혼 직후 집안일에 대한 인식인 것 같아요. 결혼을 하자마자 정말 현실적으로 직면하는 문제이며 가장 의견 충돌이 많을 수 있는 부분이에요. 정말 많이 부딪칩니다. 내가 그동안 생각했던 내 남자가 맞나? 싶을 정도로 많이 다투게 될 거예요.

결혼하고 나서 집안일 때문에 싸우는 이유가 아직도 여자가 가사노동을 더 많이 해야 한다는 인식 때문일지도 몰라요. 보통 남자가 조금만 집안일을 하면 가정적인 남자라는 소리를 듣죠? 하지만 여자가 집안일을 한다고 가정적인 사람이란 소리를 듣진 않잖아요. 여자가 가사노동을 하는 게 당연하게 여겨진다는 거죠. 집안일 하는 남자가 가정적인 남자로 인식되면 안 됩니다. 가사노동도 사람 대 사람의 일로써 인식되어야지 성별로 역할이 나눠지면 안 되는 거예요.

남자가 가사를 하면 여자를 도와주는 셈이고 반대로 여자가 가사를 하면 당연한 일로 여깁니다. 아직도 남자가 돕는다는 인식이 팽배해요. 가정적인 남자와 같은 맥락이죠. 한쪽의 강요, 한쪽의 희생으로 만들어진 가정은 절대 건강한 가정이 될 수 없습니다.

가정적인 남자도 없고, 가정적인 여자도 없습니다. 집안일을 돕는다는 표현을 많이 쓰는 남성들이 꽤 많은데, 자기 일이라 생각하면 돕는다는 표현을 쓸 수 있을까요? 나의 일이 아니니까 돕는다고 하는 겁니다. 본인이 주체가 되어야 해요. 직장에서 업무를 할 때 회사를 돕는다는 표현을 쓰나요? 절대 그렇지 않아요. 내가 주체가 되어 내 업무를 하는 겁니다. 가사노동도 돕는 게 아니라 내가 한다는 마음가짐이 중요합니다.

지금도 오래전부터 내려온 가부장적인 문화가 곳곳에 많이 남아있습니다. 하지만 내가 편할 때마다 상대가 힘들어진다고 생각하면 그렇게 행동할 수 없어요. 가부장적인 문화가 내 여자가 집안일로 힘들어하는 것보다 중요할까요? 가사노동은 함께하는 것이고, 함께하는 것이기에 서로의 배려가 필요한 일입니다. 우리는 함께 살아가려고 결혼한 거니까요.

우리 부부도 집안일로 결혼 초반에 많이 싸웠습니다. 지금도 가사 문제로 가끔 신경전을 벌일 때가 있어요. 남편은 가부장적인 사람은 절대 아니에요. 그런데도 집안일로 부딪치더라고요. 자기 일이라고 생각 안 해서 그런 걸까요?

퇴근하고 집에 왔는데 제 눈에는 지저분한 거실 바닥이 보였습니다. 전날 배달 음식을 먹고 치웠는데도 돌아다니는 배달 비닐봉지들, 어수선한 식탁, 켜켜이 쌓여있는 택배 상자가 신경에 굉장히 거슬렸죠. 머리카락과 먼지들이 날리고 있는 집안을 봐버리니 피곤이고 뭐고 손에 잡히는 대로 버리고 치웠습니다. 그런데 청소하고 있을수록 화가 나는 거예요. 당시 남편은 소파에 누워서 키득거리며 유튜브를 보고 있었으니까요.

'왜 지금 나 혼자만 하고 있지?'

평소 남편은 청소를 잘 안 하는 사람이에요. 그 남자는 주로 요리와 빨래를 담당하죠. 하지만 내가 뭔가 분주하게 하고 있으면 같이하는 시늉이라도 하지는 못할망정 내가 무얼 하든지 신경 안 쓰는 사람처럼 보여서 조금 화가 났습니다. 저도 퇴근하고 와서 굉장히 힘들었거든요. 참고로 이사한 지 얼마 안 됐는데 직장과도 꽤 멀어진 상태여서 스트레스가 간간이 쌓이고 있을 참이었어요.

"자기야 뭐 하는 거야? 나 이거 치우는 거 안 보여?"

남편은 그제야 저의 화난 얼굴을 보고 누워있던 몸을 일으켜서 아무 말 없이 치우기 시작했습니다. 남편은 아마 청소는 주로 제가 했으니 제가 열심히 청소를 해도 자기 일이 아니라고 생각하니까 누워있었던 것 같아요. 제가 말하지 않는 이상 가만히 있었던 거죠. 아직도 화가 나는 건 내가 말하지 않는 이상 먼저 청소를 시작하지 않는다는 거예요. 저만 잔소리꾼이 되어 지금까지도 가끔 다투는 이유입니다. 이렇게 집안일을 각자 하는 영역이 있어도, 평소에 함께 해도 싸우게 되는 경우들이 있습니다.

그렇다면 집안일을 나의 일이 아닌 돕는 것이라고 생각하는 남자와 산다는 건 어떨까요? 느낌 오시죠?

그 남자의 가사노동에 대한 인식을 알고 싶다면 그 남자의 가족에 대해 한번 물어보세요. 어머니가 집안일을 주로 도맡아 하시는지, 그것에 대한 본인 생각은 어떤지요. 아버님이 가부장적이라면 그것에 대한 생각도 함께요.

가족과 같이 사는 남자라면 평소 어머니를 많이 도와드리는지, 자취를 한다면 요리나 청소 등에 관한 집안일은 어떻게 하고 있는지에 대해 걱정하는 척하면서 그 남자의 인식을 한번 파악해야 합니다.

혹시 집안일을 돕는다는 표현을 알게 모르게 하고 있다면 바로 잡아주세요. 인식 하나만 바꿔도 가사 노동의 분배가 수월하게 진행될 수 있습니다. 또한 집안일 중에 하기 싫은 일은 무엇인지, 서로 조율해서 그나마 좋아하는 것으로 각자 업무를 맡아보세요. 집안일 자체도 적성의 영향이 있는 영역이기 때문에 각자 성향에 맞춰서 집안일을 미리 분배해보는 것도 좋은 방법입니다. 각자 거부감이 덜한 가사 일을 찾아서 본인 업무처럼 하는 거죠. 미리 합을 맞춘다고 생각하고 시작해보세요.

가사노동을 우리의 일이라고 생각하는 사람, 같이하는 것이라고 생각하는 사람, 그게 나의 일이라고 생각하는 사람이라면, 생활에 가장 밀접한 집안일로 내 남자와 싸우는 일은 조금이나마 줄일 수 있습니다.

반대로 집안일은 여자만의 일, 나의 일이 아니라고 생각하고 여성의 일을 돕는다는 관점을 소유한 남자라면 정말 결혼 2년 먼저 한 선배로서 한마디만 할게요. 식장 아직 안 들어갔으니까 다시 생각하라고요. 그 문제에 대해 정말 진지하게 당신의 남자와 이야기해야 합니다. 결혼하기 전에는 반드시 짚고 넘어가야 하는 부분이에요. 단순하게 생각하지 말아요.

뭐 이까짓 집안일로 결혼 생각까지 고사하게 만드냐고 할 수 있어요. 절대 아닙니다. 결혼해서 집안일로 취업해버리면 평생 퇴사는 없습니다. 내가 가사노동을 좋아하면 크게 문제는 안 되지만 직업에 있어서 열정적인 사람이라면 더 힘들 수도 있어요. 아마 다니고 있는 직장을 퇴사하게 될지도 모르죠. 각오해야 할 것입니다.

다인's TMI

맛있는 요리를 항상 잘해주는 남편에게 고맙습니다.

그 남자가 가진 게 없어져도
믿고 극복할 수 있어?

제 모습만 봤으면, 제가 가진 게 아닌.

가진 것도 많이 없지만

그게 없어져도 저를 믿어주고

당신을 믿고 살면 살아갈 수 있겠다는

그런 확신을 가져주길 바랐습니다.

지금은 가질 수 없겠지만

그런 생각이라도 가져주길 바랐어요.

그건 저의 가치관과는 맞지 않았습니다.

구차하게 가진 걸 얘기하고 싶지 않아요.

그건 지금 가진 것일 뿐이지

미래에도 그걸 가지고 있을지 확신할 수 없잖아요.

– 〈짝〉, 기획 최태환, 연출 안교진, SBS

2011년부터 2014년 초까지 SBS에서 방영한 리얼리티 쇼 〈짝〉의 미인대회 출신 특집에 출연한 남자 3호의 발언 중 일부입니다. 감정평가사 남자 6호와 삼성물산 다니는 남자 3호가 한 여자를 두고 경쟁을 했어요. 여자의 호감은 남자 3호에게 있었지만 현실적인 조건은 남자 6호가 마음에 들어 보였어요. 여자는 남자 3호에게 현실적인 조건에 대해 계속 물었던 게 인상이 깊었습니다. 꼬치꼬치 질문을 받았던 남자 3호가 결국 저 발언을 한 것입니다.

있는 그대로의 본인 모습을 받아주기를 바랐을 남자의 마음이에요. 여자 입장에서는 결혼을 목적으로 출연한 거고, 남자는 자기 기준에 걸맞은 현실적인 조건만을 남자에게 요구하는 것 같아 서운했습니다. 결국 남자의 마음은 돌아섰어요. 당시 VOD를 수차례 돌려봐서 아직도 생생하게 기억에 남습니다. 결혼은 현실이라 현실적인 조건을 우리는 배제할 수는 없어요. 나의 현실적인 조건, 그 남자의 현실적인 조건 말이죠.

현실적인 조건은 지금 가진 것뿐이지, 미래에도 어떻게 될지 확신할 수 없다는 남자 3호의 말이 가슴 깊이 와닿았습니다. 저도 예전에는 가진 것에만, 가지려고 하는 것에만 집중을 했던 것 같아요. 그게 사라졌을 때를 생각해보지 않아서 남자 3호의 말을 들었을 때 조금 충격이었어요. 가진 것 자체가 그 사람이 아닐 수 있다는 것을 알게 된 거죠.

가진 것도 본인이 노력해서 가졌거나 누군가로부터 도움을 받아서 가지게 된 것일 수도 있습니다. 하지만 가진 것은 사라질 수 있어요. 정말 그게 없어져도 내 남자와 끝까지 극복할 수 있는지 냉정하게 생각해야 합니다.

저도 결혼을 결심할 당시, 서로를 끊임없이 검증했습니다. 본업을 잃었을 때를 가정했어요. 미래에 대한 계획이 틀어져 버린 경우도 가정했습니다. 서로가 직장을 잃고 직업을 잃게 되는 여러 가지 상황을 생각해봤을 때 우리의 가정을 어떻게 꾸려나갈지 말이에요. 정말 현실적인 이야기를 했습니다. 당장 어려운 시기에 모든 걸 제쳐 두고 사랑하는 사람을 위해, 가족을 위해 내가 추구하는 것을 포기하고 다른 일을 할 수 있는지를 검증했습니다.

사랑하는 남자와 현실적인 조건이 딱 맞는 상태라면 행복한 나날들만 상상하면 될 일이지, 일어나지도 않을 일을 걱정하는 거냐고 반박할 수도 있습니다. 걱정하는 게 아닙니다. 걱정과는 다른 개념이고 우리는 지금 내 남자를 검증하는 거예요. 그리고 살면서 한 번쯤은 그런 일이 발생할 수 있다고 생각해요. 우리 가족에게 시련이 한 번 정도는 올 거라고 확신을 가지고 생각한다면 말이 달라질까요? 예측할 수 없는 게 인생이라잖아요. 어떻게 행복한 나날들만 매일 있겠어요? 정말로 이 남자가, 정말로 내가, 함께 힘든 일을 극복할 수 있는 여력과 마음가짐이 되는지 확신이 필요하고 검증해봐야 합니다. 서로에게 끊임없이 질문해야 해요.

당시 방영했던 〈짝〉에서 여자가 현실적인 조건만이 아닌 그 남자가 가지고 있는 잠재력이나 생활력에 관한 질문들을 통해서 불확실하고 힘든 현실을 극복할 수 있는 사람에 대해 검증하려고 했다면 남자의 마음이 돌아서지 않았을 거라고 생각합니다. 가진 것에 대해서만 검증하려고 하는 게 아니라 가지지 않은 상태에서의 그 사람의 마음가짐도 중요하게 여기는 질문일 테니까요.

앞장에서는 그 남자가 본업이 있고, 미래에 대한 계획이 있는 사람인지 검증하라고 했습니다. 이번에는 한층 더 나아가서 현실적인 조건이 사라짐에 대해 극단적으로 생각해 볼 필요가 있습니다. 물론 결혼하면서 그러한 일들이 일어나지 않도록 노력은 반드시 해야겠지요. 그런데 인생 모르는 거잖아요? 모른다고 가만히 넋 놓고 있을 거 아니잖아요.

그 남자와 결혼을 생각하고 있다면 미래의 가진 것이 사라졌을 때에 대한 대책에 대해 충분히 이야기하세요. 그러고 나서 이제는 당신 스스로에게 물어보세요.

"지금 내 남자가 가진 게 없어져도 충분히 이 남자를 믿고 살아갈 수 있어?"

다인's TMI

앞에서 말한 미인대회 출신 짝에서 남자 3호는 마음이 돌아섰지만 여자는 그 남자를 선택하려 했어요. 그 여자분은 결국 그 남자를 믿고 함께 가려고 했던 겁니다. 당시 선택이 엇갈려서 굉장히 아쉬웠습니다.

내 남자를 찾은 언니의 마지막 조언

내 남자를 찾은 저의 마지막 조언입니다. 앞에서 이야기했던 내용과 중복이 되더라도 한 번 더 말해주고 싶어요. 그 정도로 정말 중요한 메시지라는 거죠. 시험 치르기 전에 핵심 요약본을 한 번 더 보신다고 생각하고 끝까지 읽어주기를 바랄게요.

무조건 많이 만나세요. 바로 연애가 안 되더라도 일단은 남자를 만나세요. 만나면서 진짜 나의 취향, 성격, 성향, 이상형 모든 걸 다 캐치해야 합니다. 나를 알아야 합니다. 나를 위해서 만나는 겁니다. 연애하면서 온갖 감정이 섞일 날들이 많기 때문에 나에 대해 더욱 알게 될 거예요.

나뿐만이 아니에요. 남자에 대해서도 알게 되는 거죠. 한 사람을 오래 만나는 것도 좋지만, 어렸을 때는 연애나 사람을 대하는 데 있어서 성숙하지 못하기 때문에 오래 연애하기가 힘들어요. 나중에 성숙한 상태에서 진짜 내 남자를 알아보는 눈이 생기려면 많이 만나보는 게 더 효과적이라고 말해주고 싶습니다.

아는 만큼 보인다고 하잖아요? 사람도 많이 겪어볼수록, 어떤 사람이 좋은 사람인지 느낄 수 있습니다. 남자도 많이 만나보고, 겪어볼수록 남자 보는 눈이 생깁니다. 어떤 남자가 나와 잘 맞는 남자이고, 어떤 남자를 내가 좋아하는지 알게 됩니다. 또한 사람을 대하는 스킬, 사람의 마음을 대하는 스킬도 어느 정도 숙련되는 것처럼 남자도 마찬가지예요.

많이 만날수록 나를 알게 됨으로써 나의 매력을 그 남자에게 당당하게 어필할 수 있습니다.

평소 내가 남자를 잘 못 만나는 까다로움이 있다면 우선 '사람' 자체에 관심을 가지는 게 어떨까요? 남자도 사람이니 일단 이성적으로 접근하지 말고, 인간적으로 인간미에 대해 관심을 가져보세요. 그 사람에 대해 장점을 많이 찾으려고 노력해 봐요. 장점을 보다 보면 호감도가 상승할 수 있습니다. 시간이 지나 호감이 지속되면 이성적인 매력으로 다가올 수도 있어요. '나'부터가 호감을 가지면 그때부터 시작할 수 있습니다. 남자 만날 준비가 된 거지요. 이것은 '금사빠'와는 다릅니다. 내가 남자에 대한 거부감이 있거나 이성에 대한 관심이 별로 없는 경우를 말하는 겁니다.

열정적으로 연애하세요. 많이 만나라는 말이 단순히 횟수를 채우는 만남이 아닙니다. 그 남자와 열정적으로 연애하면서 그 남자 자체에 대해 깊이 알려는 노력을 하는 겁니다. 겉으로만 좋은 남자는 얼마든지 많아요. 내면이 정말 괜찮은 사람인지를 우리는 찾아야 하는 거잖아요. 사랑을 한다면 감정도 좀 격하게 싸워도 보고, 그 남자와의 깊은 대화를 통해 정말 어떤 사람인지 알 수 있습니다. 더불어 만나면서 인간 같지 않은 인간들도 걸러낼 수 있는 능력도 길러집니다. 결국 좋은 남자를 알아보는 눈이 생깁니다. 진짜 내 남자를 만날 준비가 된 거죠.

또 열정적으로 연애하라는 말은 일과 연애를 구분 짓지 말자는 의미이기도 해요. 연애도 나의 일이라고 생각하세요. 내 삶이라고 생각하자고요. 당장 먹고살기 힘든 상황인데 무슨 소리냐고 할 수 있습니다. 하지만 전쟁에서도 사랑은 피어난다고 하죠? 삶이 피폐하더라도 내 마음까지도 피폐하게 만들지 말아요. 기회가 있다면 연애를 하도록 노력하고 기회가 없더라도 그 기회를 만들려고 노력해야 합니다.

일과 연애를 동시에 하고 있다면 그 남자와 윈윈(Win-win)하는 연애를 할 수 있습니다. 나의 일을 공유할 수 있고, 함께 조언해 줄 수 있으니까요. 그 남자의 일에 대한 고민도 함께 나누면 나에 대한 그 남자의 사랑이 더 커지게 될 거예요. 서로의 일을 응원할 수 있는 연애, 윈윈할 수 있는 사랑을 하는 게 일도 연애도 열정적으로 하는 것입니다.

결혼은 만날수록 더 좋아지는 사람, 더 잘 맞는 사람과 하길 권할게요. 왜 그런 사람 있잖아요. 연애하는 기간이 길어져도 더 좋아지는 것 같지 않고, 무언가 잘 안 맞는다는 생각이 들게 하는 남자, 있을 겁니다. 그런 남자와는 그가 결혼하자고 해도 일단은 연애만 하세요.

처음에는 잘 안 맞았지만 나중에도 다 맞지는 않더라도 점차 맞춰지는 게 눈에 보이는 그런 남자와 결혼을 생각하세요. 훗날 결혼 생활에 다툼이 있더라도 서로 문제를 극복할 수 있는 능력이 생깁니다. 지금 만나는 남자와 결혼을 생각하고 있다면 정말 내가 그 남자를 만날수록 더 좋아하는지, 우리가 잘 맞아 가는지를 진지하게 생각해보는 거 어떨까요?

아직 만나는 남자가 없다면 만남을 위한 노력을, 연애 중이라면 깊게 그 남자와 사랑하려는 노력을, 결혼을 생각 중이라면 끝끝내 이 남자가 내 남자가 될 수 있는지 검증하는 노력을 해야 합니다. 이 모든 것을 할 수 있어야 진정한 내 남자를 찾을 수 있습니다. 많아 보이지만 다 하실 수 있어요. 어쩌면 당신은 이미 알고 있을지도 모르죠. 행동으로 실천하기가 귀찮을 수도 있고요. 다시 한번 말하지만 하늘에서 떨어지지 않습니다. 운명적인 만남 그런 거 절대 없어요. 이러한 노력들을 통해 반드시 당신만의 남자를 찾을 거라 믿습니다.

당신의 연애와 사랑, 결혼 이 모든 것을 응원하겠습니다.

결혼 2년 차 유부녀입니다

이 책의 마지막 글을 작성하는 지금, 어느덧 결혼한 지 만 2년이 넘었습니다. 주위에서 결혼해서 어떠냐는 질문들을 굉장히 많이 받고 있어요. 솔직히 저는 결혼해서 크게 달라진 것은 없다고 말합니다. 결혼 전과 후의 생활이 크게 달라지지 않았으니까요. 남편과 연애를 길게 해왔고, 지금은 아직 아기가 없어서 그런지, 아직도 연애하는 기분으로 같이 사는 느낌이거든요. 달라진 것은 없지만 결혼해서 더 행복하다고는 말하고 있습니다. 부모님 다음으로 언제나 든든한 내 편이 있기 때문이에요. 기쁠 때는 가장 먼저 나보다 더 기뻐해주고, 슬플 때는 나보다 더 걱정 어린 눈빛으로 함께 슬퍼하고 위로해주는 내 편이 생겼으니까요. 가끔 다투긴 해도 그런 내 남자와 매일 같이 사는 것은 정말 큰 행복이라고 생각합니다.

제가 20대 때 연애와 결혼에 대해 고민했을 당시에는 생각보다 조언을 구할 수 있는 사람이 많지 않았습니다. 연애는 다수의 경험으로 어찌어찌하다 보니 남자 보는 눈이 생겼지만, 결혼은 정말 이렇게 결혼해도 맞는 건지에 대해서 고민이 많았거든요. 내 남자를 찾았음에도, 아직 나의 사회 스펙을 더 쌓고 결혼해야 하는 게 아닌지에 대해 숱하게 고민했습니다. 조언을 구할 언니들이 주변에는 없었어요. 20대 후반에 결혼을 생각하는 친구들도 거의 없었고 각자 제 살길 찾느라 바빴으니까요.

따라서 20대 여성의 입장에서 연애와 결혼에 관한 조언을 해줄 누군가가 필요하다는 생각이 들어 글을 쓰게 되었습니다. 20대는 연애와 결혼 말고도 고민해야 할 부분이 상당히 많잖아요. 요즘엔 결혼 시기도 굉장히 늦어졌고요.

내 남자를 찾는 것, 내 남자와 연애하는 것, 내 남자와 결혼하는 것은 저절로 되지 않아요. '나이가 차면 알아서 좋은 짝 만나서 결혼하겠지?'라는 생각은 단 한 번이라도 하지 마세요. 알아서 찾아지면 정말 얼마나 좋을까요? 하지만 그렇지 못하다는 것을 인지하고 바로 행동으로 옮겨야 합니다. 내 남자 찾는 것, 정말 노력해야 해요. 노력하는 사람만큼 매력적인 사람 없는 거 아시죠?

지금까지 읽은 연애와 결혼에 대한 저만의 답은 어떠셨나요? 공감하지 못하는 내용들도 더러 있을지도 모르겠습니다. 그래도 결론은 내 남자 찾는 것에 전력을 다해야 한다는 것을 잊지 않으셨으면 좋겠어요. 조금이나마 당신의 남자를 찾는 데 도움이 되었기를 바랍니다.

끝으로 에피소드의 70퍼센트를 맡아준 내 남자, 정말 고맙습니다. 나머지 30퍼센트 비중의 'EX'들에게 고맙다는 말을 전하고 싶지는 않지만 여기에는 남기겠습니다. 묵묵히 응원해준 가족 모두에게 감사합니다. 그리고 저의 연애사를 90퍼센트 이상 알고 있어 에피소드에 많은 도움을 준 15년지기 정은 님에게 깊은 감사를 표합니다. 마지막으로 내 남자가 되어준 제 남편에게 사랑한다는 말을 전하고 싶습니다.

북큐레이션 • 행복한 매일을 꿈꾸는 당신에게 추천하는 라온북의 책

《내 남자 찾는 36가지 기술》과 함께 읽으면 좋은 책. 평생 함께하고 싶은 사람을 찾고, 사랑하는 사람을 만날 수 있는 행복을 선물합니다.

소확행이 아닌 대확행을 이루는 방법

청춘, 쉽게 살면 재미없어

권유진 지음 | 14,500원

이왕 이 우주 속에 태어난 거
'가장 개성 있는 먼지'로 살면 어때?

《청춘, 쉽게 살면 재미없어》는 청년들이 무기력한 일상에서 탈출할 수 있도록 정신을 깨우는 강력한 메시지를 던진다. 커지지 않는 자존감, 진로의 고민, 관계의 문제, 무기력과의 싸움, 눈치 보이는 직장과 퇴사의 갈등 등 20~30대라면 누구나 겪어봤을 여러 삶의 문제들을 다루면서, 또래 나이인 저자가 이런 문제들을 어떻게 마주하고 자신의 삶을 업그레이드했는지 이야기한다. 이 책은 대한민국의 청춘들이 더욱 빛나는 인생을 살도록 옆에서 도와주는 든든한 조력자가 될 것이다.

커플매니저가 알려주는 결혼의 진실

결혼 공부

조지희 지음 | 13,800원

결혼에 두려움과 부담감을 느끼고 있는 당신을 위한
비혼시대 대한민국 2030에게 딱 맞는 결혼 지침서!

이 책은 조건이라는 틀에 갇히고, 사랑이라는 이상에 흔들리는 이 땅의 모든 커플에게 결혼으로 가는 가장 안전한 길을 알려준다. 그 과정에는 현대인에 대한 이해를 바탕으로 배우자를 알아볼 줄 아는 안목을 기르고, 현실적인 결혼관이 무엇인지 알아보는 공부가 필요하다. "아휴, 결혼도 공부해야 돼?"라고 한숨부터 나온다면, 준비되지 않은 결혼으로 인생의 쓴맛을 본 주변의 많은 사람을 떠올려봐라. "결혼 그거 정말 해야 해?"라는 고민부터 "내 짝은 어디 있는 거야?"라는 답답함에 시달리고 있다면, 결혼에 관한 막연한 생각은 치우고, 이 책을 열자.

인맥이 그렇게 중요해?

공준식 지음 | 14,000원

밀레니얼 세대에게 꼭 필요한 사회적 자본, 인맥!
사회 초년생들을 위한 인간관계 노하우 대공개!

사람이 곧 재산이라 여기는 '인테크(人tech)'로 '사람부자'를 만들어주는 소통 중심의 강연기획단 몽쉘's(꿈을 공유하는 사람들)의 공준식 대표가 말하는 인간관계 노하우. 이 책은 하고 싶은 일은 많은데 시작하기 어려운 사람, 사람들에게 다가가지 못하는 사람, 만남 자체가 두려운 사람, 자존감이 낮은 사람, 사람들 앞에서 도대체 무슨 말을 해야 할지 모르는 사람, 혼자에 익숙한 사람, 적이 많은 사람, 삶에 동기부여가 필요한 사람, 인테크로 성공하고 싶은 밀레니얼 세대들에게 살아가는 데 필요한 인맥의 기술을 제공해줄 것이다.

결혼 레시피

유정림 지음 | 13,800원

예술가와 그의 소울메이트가 함께 차린
30년 행복한 결혼 식탁 이야기

이 책에는 한 남자와 여자가 만나 사랑하고, 가정을 이루고, 서로의 가족과 관계를 맺고, 아이들을 낳아 키우고, 아이들의 아이들이 태어나는 모습을 보며 느끼는 일상의 소소한 기쁨을 담겨 있다. 늘 행복한 날만 있는 것은 아니어서 서로 생채기를 내고, 후회하고, 아파하기도 하지만, 결국은 그 또한 지나고 나면 모두 깊은 애정에서 기인한 것임을 느끼는 장면은 지극히 현실적이다. 저자는 이 책을 통해 지금 젊은 세대들이 사람과 사람 간의 관계, 가족, 믿음과 사랑의 소중함을 느꼈으면 좋겠다고 말한다.